बिरसा
मुंडा

बिरसा मुंडा

गोपी कृष्ण कुँवर

प्रकाशक
प्रभात प्रकाशन प्रा. लि.
4/19 आसफ अली रोड, नई दिल्ली-110002
फोन : 011-23289777 • हेल्पलाइन नं. : 7827007777
इ-मेल : prabhatbooks@gmail.com ❖ वेब ठिकाना : www.prabhatbooks.com

संस्करण
2026

पेपरबैक मूल्य
दो सौ पचास रुपए

मुद्रक
नरुला प्रिंटर्स, दिल्ली

———— ★ ————

BIRSA MUNDA
by Shri Gopi Krishna Kunwar

Published by **PRABHAT PRAKASHAN PVT. LTD.**
4/19 Asaf Ali Road, New Delhi-110002

ISBN 978-93-5186-629-9

₹ 250.00 (PB)

अपनी प्रेरणास्रोत व मार्गदर्शक
पूज्य माताजी
स्व. श्रीमती शकुंतला देवी की
पावन स्मृति को समर्पित।

अपनी बात

सन् 1890-92 के कालखंड में छोटा नागपुर के अधिकतर वनवासी चर्च के पादरियों के बहकावे में आकर ईसाई हो गए थे। बिरसा का परिवार भी इनमें शामिल था, परंतु शीघ्र ही पादरियों की असलियत भाँपकर बिरसा न केवल ईसाई मत त्यागकर हिंदू धर्म में लौट आए, वरन् उन्होंने उस क्षेत्र के अन्य वनवासियों की भी हिंदू धर्म में वापसी करवाई। यही बिरसा मुंडा आगे चलकर एक महान् क्रांतिकारी तथा 'धरती-आबा' (जगत्-पिता) के नाम से विख्यात हुए। बिरसा मुंडा ने अपने समाज के लोगों को पवित्र जीवन की शिक्षा दी। देश को स्वतंत्र कराने के प्रयास में अत्याचारी अंग्रेजों के विरुद्ध अपने समाज के लोगों में ऐसी क्रांति-ज्वाला धधकाई कि राँची के अंग्रेज कप्तान मेयर्स ने 24 अगस्त, 1895 को बिरसा मुंडा को सोते समय रात को गिरफ्तार कर लिया। उनके मुँह में रूमाल ठूँसकर एक हाथी पर बैठाकर रातोरात राँची लाया गया और वहाँ जेल में डाल दिया गया। बाद में उनके पंद्रह अनुयायी भी गिरफ्तार कर लिये गए। खूँटी (अब झारखंड) में उन पर मुकदमा चला। सभी को लगभग दो वर्ष की सजा हुई।

जेल से छूटकर बिरसा ने सशस्त्र क्रांति का रास्ता अपनाया। सैनिक संगठन शुरू किया गया। इस दल के कई क्रांति-प्रचारक

नियुक्त हुए, जो गुप्त बैठकें करते थे। उनका उद्‌देश्य देश को स्वतंत्र कराना तथा अपने समाज के लोगों को अंग्रेजों और जमींदारों के चंगुल से बचाना था।

बिरसा जीवन-पर्यंत संघर्षरत रहे। आखिर घबराकर सरकार ने छल-कपट का सहारा लिया। उसने बिरसा को पकड़वाने पर 500 रुपए के इनाम की घोषणा की। अनेक मुंडा सरदारों पर भी इनाम घोषित कर दिए गए। आखिरकार विश्वासघातियों की मुखबिरी से रात में सोते समय बिरसा को गिरफ्तार कर लिया गया।

बिरसा पर एक आम आदमी की तरह मुकदमा चलाया गया। उन पर आरोप लगाया गया कि वह लूटपाट, आगजनी और हत्या आदि में लिप्त हैं। इसके अंतर्गत 15 आरोपों की सूची तैयार की गई, जिसमें बिरसा को मुख्य अभियुक्त के रूप में चिह्नित किया गया।

30 मई, 1900 का दिन; प्रातःकाल से ही बिरसा कुछ अस्वस्थता का अनुभव कर रहे थे, परंतु उन्होंने इस पर कोई विशेष ध्यान नहीं दिया। कुछ देर बाद अन्य कैदियों के साथ उन्हें अदालत ले जाया गया। वहाँ अचानक उनकी तबीयत बिगड़ने लगी। उन्हें पुनः जेल में लाया गया। उनकी नाड़ी तेज चल रही थी, गला सूखा हुआ था, आँखें अंदर की ओर धँस गई थीं, आवाज में लड़खड़ाहट थी। जाँच के बाद जेल-चिकित्सक ने उन्हें दवाई दी।

8 जून को पुनः उसकी हालत खराब होने लगी। बार-बार होनेवाले दस्त ने उसके शरीर से सारी शक्ति छीन ली थी। 9 जून, 1900 की सुबह उनकी हालत बहुत नाजुक हो गई। 8 बजे के आस-पास वह खून की उल्टियाँ करने लगे। अत्यधिक कमजोरी के कारण वह बेहोश हो गए और फिर 9 बजे 'आदिवासियों के भगवान्' बिरसा मुंडा ने संसार से सदा-सदा के लिए विदा ले ली।

जीवित रहते हुए बिरसा मुंडा ने अपने शौर्यपूर्ण कार्यों से अंग्रेज

सरकार की नींद उड़ा दी थी, मृत्यु के बाद भी वह उसके लिए भय का कारण बने रहे। इसलिए सुवर्ण रेखा नदी के घाट पर बिरसा का शव जेल-कर्मचारियों द्वारा कंडों की आग में गुपचुप तरीके से जला दिया गया। इसकी किसी को भनक तक नहीं लगी।

□

अनुक्रम

अपनी बात ... 7

1. जन्म एवं वंशबेल ... 13
2. धर्म-परिवर्तन ... 19
3. आरंभिक शिक्षा ... 25
4. बिरसा डेविड ... 30
5. विद्रोह की चिनगारी ... 35
6. मुंडा सरदार मनोनीत ... 40
7. महात्मा बिरसा ... 44
8. बिरसैत पंथ ... 48
9. स्वधर्म-प्रेरणा ... 51
10. समाज-सुधार की राह ... 57
11. बंदी बिरसा ... 63
12. जेल में दो साल ... 71
13. राख में दबी चिनगारी ... 80
14. जेल से रिहाई ... 85
15. हमें अधिकार चाहिए ... 89
16. सशस्त्र आंदोलन का उद्घोष ... 96
17. पहली सशस्त्र क्रांति ... 103

18. अंग्रेजी दमन ... 108
19. जीवट क्रांतिकारी ... 111
20. विद्रोह का अंत ... 117
21. कैद में मृत्यु ... 122
22. बिरसा-प्रसंग ... 128

1

जन्म एवं वंशबेल

भारत में अंग्रेजों का आगमन भारत को गुलाम बनाने के अनेक दशकों पूर्व ही हो चुका था। सर्वप्रथम व्यापार करने के उद्देश्य से अंग्रेज व्यापारी भारत के दक्षिणी भाग में आए, लेकिन यहाँ के वैभव, प्राकृतिक संपदा और भारतीय राजाओं की दुर्बलता देखकर उन्होंने इस देश को अपने अधीन करने का निश्चय कर लिया। इसी संदर्भ में उन्होंने शक्तिहीन एवं विलासिता में डूबे भारतीय राजाओं के साथ अनेक गठबंधन किए और धीरे-धीरे उन पर अपना प्रभाव स्थापित कर लिया। बाद में शक्ति और कूटनीति द्वारा उन्होंने भारत के अधिकांश भूभाग को अपने अधिकार में कर लिया।

इतिहास के अध्ययन से ज्ञात होता है कि लगभग सन् 1847 से ब्रिटिश साम्राज्य के राजनयिक भारतीय राजनीति में सक्रिय रूप से भाग लेने लगे थे। उस समय भारतीय राजा आपसी वैर-द्वेष एवं ईर्ष्या के फलस्वरूप एक-दूसरे से उलझे हुए थे। परस्पर किए जानेवाले युद्धों के कारण उनकी शक्ति नष्ट हो चुकी थी। विलासिता, ऐश्वर्य और राजसी भोगों में डूबे हुए राजाओं को राज्य की सुरक्षा

एवं भलाई की कोई चिंता नहीं थी। औरंगजेब के बाद मुगल साम्राज्य भी अपने विध्वंस की ओर बढ़ चुका था। क्षेत्रीय राजाओं ने भी स्वयं को स्वतंत्र घोषित कर अपने को अलग कर लिया था। चारों ओर अनाचार और परस्पर युद्धों की हवा फैल चुकी थी। उस समय ऐसा कोई भी शक्तिशाली राजा नहीं था, जो अंग्रेजों की गिद्ध-दृष्टि से भारतीय सीमाओं की रक्षा कर सकता तथा अन्य राजाओं को एकजुट कर विदेशी ताकत से लोहा ले सकता।

ऐसी स्थिति में अंग्रेजों को भारतीय राजाओं की कमजोरियों का भरपूर लाभ मिला। यही वे परिस्थितियाँ थीं, जिनके कारण भारतीय धरती पर ब्रिटिश सत्ता का परचम लहराने लगा। वस्तुतः ब्रिटिश साम्राज्य की हुकूमत और भारत की 250 साल की गुलामी का काला अध्याय यहीं से आरंभ हुआ।

यद्यपि सन् 1857 के प्रथम स्वातंत्र्य समर द्वारा रानी लक्ष्मीबाई, तात्या टोपे, कुँवर सिंह तथा नाना साहब जैसे वीर व देशभक्त राजाओं ने एकसाथ मिलकर अंग्रेजों को भारतीय धरती से उखाड़ फेंकने का भरपूर प्रयत्न किया, लेकिन तब तक बहुत देर हो चुकी थी। ब्रिटेन से मिलनेवाली सैन्य एवं आर्थिक मदद द्वारा इस विद्रोह को बुरी तरह से कुंचल दिया गया। तदंतर अंग्रेज हुकूमत की पाशविक जड़ों ने भारत को बुरी तरह से जकड़ लिया। चारों ओर गुलामी, बेबसी, अत्याचार, उत्पीड़न और नारकीय जीवन का अंधकार फैल गया।

बिरसा मुंडा का जन्म

भारत का राँची क्षेत्र अपनी प्राकृतिक संपदा के लिए विश्वविख्यात है। इसका विस्तृत भू-भाग जहाँ हरे-भरे वृक्षों एवं वनस्पतियों से भरा हुआ है, वहीं यहाँ की धरती अपने गर्भ में अनेक मूल्यवान खनिज पंदार्थ छिपाए हुए है। इसी धरती पर राँची के एक अनमोल रत्न बिरसा मुंडा ने जन्म लिया।

राँची जिले से लगभग 60 किलोमीटर दूर दक्षिण-पूर्व क्षेत्र में उलिहातु नामक एक छोटा सा गाँव है। इसी गाँव की एक छोटी सी झोंपड़ी में 'सुगना मुंडा' अपनी पत्नी 'करमी' के साथ रहते थे। सुगना मुंडा जहाँ गाँव में अपने परिश्रम और ईमानदारी के लिए पहचाने जाते थे, वहीं करमी अपनी दया, स्नेह, मृदु भाषा और सेवाभाव के लिए जानी जाती थीं। सुगना और करमी का परस्पर प्रेम अनेक गृहस्थों के लिए आदर्श था।

विवाह के बाद करमी ने कोमता नामक पुत्र और दसकीर एवं चंपा नामक दो पुत्रियों को जन्म दिया। सुगना अपने परिवार के साथ अत्यंत प्रसन्न थे। इसी बीच करमी पुनः गर्भवती हो गई।

15 नवंबर, 1875, बृहस्पतिवार का दिन। करमी प्रसव-पीड़ा से छटपटाने लगीं। उस समय सुगना और तीनों बच्चे सो रहे थे। कराहने का स्वर सुनकर सुगना चौंककर जाग उठे। उन्होंने दर्द से तड़पती करमी को ढाढ़स बँधाया और दाई को बुलाने के लिए तेजी से बाहर चले गए।

कुछ ही देर बाद आस-पास के पड़ोसी एवं सहायक झोंपड़ी के बाहर एकत्रित थे, जबकि कुछ महिलाएँ तेजी से अंदर-बाहर आ-जा रही थीं। वहीं एक ओर आँगन में बाँस के साथ टेक लगाकर बैठे सुगना मन-ही-मन ईश्वर से प्रार्थना कर रहे थे। उनका मन विचलित हो रहा था। रह-रहकर उनका शरीर उद्विग्न करनेवाली तरंगों से काँप उठता।

आखिरकार इंतजार खत्म हुआ। झोंपड़ी का छोटा सा आँगन एक नवजात शिशु की किलकारियों से गूँज उठा।

दाई ने बाहर निकलते ही पुकार लगाई, "बधाई हो, सुगना, करमी ने लड़के को जन्म दिया है। लड़का क्या है, लगता है मानो देवकी ने कृष्ण को जन्म दिया है।" तदंतर उसने कपड़े में लिपटा हुआ शिशु लाकर सुगना की गोद में रख दिया।

सुगना प्रसन्नता से भर उठे। उन्होंने गमछे में बँधे हुए कुछ सिक्के निकालकर उपहारस्वरूप दाई की हथेली पर रखे और फिर शिशु पर स्नेह उँड़ेलने लगे।

"बधाई हो, सुगना, पुत्र का क्या नाम रखोगे?" गाँव के मुखिया ने निकट आकर पूछा।

"नाम के बारे में तो पुरोहितजी ही कुछ बताएँगे।" यह कहकर सुगना ने ग्राम-पुरोहित की ओर देखा।

पुरोहित बोले, "इस बालक का जन्म बृहस्पतिवार को हुआ है। इसलिए इसका नाम 'बिरसा' होगा।"

"बिरसा''सुगना मुंडा का बेटा बिरसा मुंडा!," खुशी से सुगना की आँखें चमक उठीं।

उस समय वहाँ उपस्थित लोग इस बात से अनभिज्ञ थे कि आनेवाले समय में यह बालक मार्गदर्शक बनकर सत्य के मार्ग पर उनका नेतृत्व करेगा।

बिरसा मुंडा के पूर्वज

कहा जाता है कि बिरसा मुंडा के पूर्वज पूर्त्ति वंश से संबंधित थे। उनके संदर्भ में एक प्राचीन कथा प्रचलित है। कि सदियों पूर्व चुटु हरम और नागू नामक दो भाई अपने कुछ साथियों के साथ उपयुक्त निवास स्थान की खोज में भटक रहे थे। भटकते-भटकते वे डोमटामाँड़ा नदी के किनारे पहुँचे। नदी के दूसरे किनारे पर हरे-भरे क्षेत्र को देखकर वे उस ओर जाने के लिए उत्सुक हो उठे, लेकिन तीव्र गति से बहती नदी को नाव या अन्य साधन के बिना पार करने का साहस किसी में नहीं था। सभी एकटक नदी के वेग को देख रहे थे।

सहसा चुटू को लकड़ी का एक कुंदा बहता नजर आया। उसने नदी में कूदकर कुंदे को पकड़ लिया। नागू और अन्य लोगों ने भी उसका अनुसरण किया। इस प्रकार कुंदे की सहायता से वे तैरकर नदी

पार हो गए।

किनारे पर पहुँचकर उन्होंने लकड़ी के कुंदे को बाहर खींच लिया। तभी उन्हें कुंदे के भीतर छेद में से एक चूहा दिखाई दिया। वे चूहे को शुभ, पूजनीय और सौभाग्य का प्रतीक मानते थे, अतः उन्होंने उसी स्थान पर निवास करने का निश्चय कर लिया। चुटू हरम और नागू ही उन लोगों को वहाँ तक लाए थे। इसलिए वह स्थान 'चुटिया' कहलाया। पूर्त्ति वंश के जो लोग वहाँ बस गए, वे 'चुटिया पूर्त्ति' कहलाने लगे तथा उनका वंश 'मुंडा' कहलाया।

मुंडाओं की धारणा के अनुसार चुटिया शब्द ही बाद में 'छोटा' और नागू शब्द 'नाग' में बदल गया। इस प्रकार चुटू हरम और नागू के नाम से वह स्थान कालांतर में 'छोटा नागपुर' कहलाया।

प्राकृतिक संपदा एवं वन्य जीवों से समृद्ध वह क्षेत्र अनेक लोगों के आकर्षण का केंद्र बन गया। धीरे-धीरे अन्य जातियों एवं समुदायों के लोग वहाँ आकर बसने लगे। फलस्वरूप कुछ ही वर्षों में वहाँ की आबादी कई गुना बढ़ गई।

प्रारंभ से ही मुंडा जाति खुले प्राकृतिक वातावरण में रहना पसंद करती थी। अन्य जातियों के हस्तक्षेप तथा जनसंख्या के बढ़ते दबाव ने उन्हें किसी अन्य स्थान पर जाने के लिए विवश कर दिया। तदंतर वे तिलमा क्षेत्र में आकर रहने लगे, किंतु यहाँ से भी उनका मन उचाट हो गया। अंततः वे पुनः नए आश्रय की खोज में चल पड़े। इसके बाद उन्होंने तमाड़ के निकट अपना डेरा डाला। चूँकि उस स्थान पर वे मँझिया नामक मुंडा सरदार के नेतृत्व में आए थे, इसलिए बाद में इस गाँव का नाम 'माँझीडीह' पड़ गया।

बाद के वर्षों में उनमें से कुछ लोग उलिहातु गाँव में आकर रहने लगे। इन लोगों के वंशजों में बिरसा के दादा लकरी मुंडा सम्मिलित थे। उनका विवाह चलकद में हुआ, जिससे उन्हें तीन पुत्र प्राप्त हुए। सुगना उनके दूसरे पुत्र थे। सुगना का विवाह अयुबहातु

गाँव के ढीबर मुंडा की बड़ी पुत्री करमी के साथ हुआ। करमी ने कोमता, दसकीर, चंपा, बिरसा और कानू को जन्म दिया। इस प्रकार उलिहातु गाँव मुंडाओं से पूरी तरह भर गया।

जन्मस्थान से संबंधित भ्रांति

बिरसा मुंडा के जन्मस्थान को लेकर विद्वानों में मतभेद हैं। कुछ विद्वानों के अनुसार बिरसा मुंडा का जन्मस्थान उलिहातु गाँव है, लेकिन इस संदर्भ में कुछ अन्य विद्वान् मानते हैं कि उनका जन्म बंबा नामक कस्बे में हुआ। यह क्षेत्र चलकद से कुछ दूरी पर स्थित है। उनके मतानुसार बिरसा मुंडा के जन्म से पूर्व ही सुगना अपने परिवार के साथ उलिहातु छोड़कर बंबा में आकर रहने लगे थे। स्थानीय लोगों के बीच प्रचलित लोकगीतों में भी इस विवाद को स्पष्ट रूप से जाना जा सकता है।

यद्यपि बिरसा मुंडा के जन्मस्थान को लेकर अनेक भ्रांतियाँ एवं विवाद हैं, लेकिन इस बात को अस्वीकार नहीं किया जा सकता कि उनके पिता सुगना मुंडा का पैतृक घर तथा गाँव उलिहातु क्षेत्र में ही था। इतना ही नहीं, उनके बड़े भाई कोमता मुंडा भी उलिहातु में रहकर जीवनयापन कर रहे थे। इसके विपरीत, बंबा में बिरसा मुंडा के जन्म से पूर्व की कोई पृष्ठभूमि नहीं मिलती। इस आधार पर उलिहातु को बिरसा मुंडा का जन्मस्थान मानना अधिक तर्कसंगत है।

यही कारण है कि अधिकतर विद्वानों ने अपने शोधपत्रों, ग्रंथों एवं पुस्तकों में उलिहातु को ही बिरसा मुंडा का जन्मस्थान माना है।

□

2

धर्म-परिवर्तन

प्राचीनकाल से ही भारतीय समाज की यह विडंबना रही है कि एक ही धरती पर पैदा होने के बावजूद आर्थिक, पैतृक तथा कार्य के आधार पर उसे विभिन्न श्रेणियों में बाँटा गया। एक छोटा सा समुदाय आर्थिक संपन्नता, सुदृढ़ पैतृक पृष्ठभूमि तथा उच्च कार्यों के आधार पर उच्च जाति में गिना गया, जबकि समाज का एक बहुत बड़ा हिस्सा निर्धनता, शक्तिहीनता व अज्ञानता के कारण निम्न माना गया। इतना ही नहीं, वर्णों के विभाजन ने भी समाज को बाँटने में महत्त्वपूर्ण भूमिका अदा की। यही कारण है कि भारत का सदियों पुराना इतिहास जातिवाद और विभिन्न वर्णों के परस्पर संघर्षों से भरा हुआ है।

ब्रिटिश शासनकाल के दौरान भारतीय समाज पर जमींदारों तथा काश्तकारों का वर्चस्व था। भारत जैसे विशाल देश पर शासन करने के लिए दूरस्थ क्षेत्रों, गाँवों एवं समुदायों पर सरकार का नियंत्रण होना आवश्यक था, इसलिए उसने जमींदारों और काश्तकारों को अनेक राजकीय शक्तियाँ प्रदान कीं। इससे एक ओर जहाँ सरकार

की आय में वृद्धि हुई, वहीं दूसरी ओर वे भारत के कोने-कोने में अपना साम्राज्य स्थापित करने में सफल हुए।

ब्रिटिश सरकार के समर्थन ने जमींदारों को और अधिक निर्दयी एवं अत्याचारी बना दिया। उनका एकमात्र उद्देश्य अपने अधीन किसानों का शोषण करना था। इसके लिए वे विभिन्न हथकंडे अपनाने लगे।

मुंडा मूलतः एक आदिवासी जाति है तथा खेतीबाड़ी उनका मुख्य व्यवसाय है। उलिहातु में रहनेवाले मुंडाओं को भी जमींदारों के अत्याचारों से दो-चार होना पड़ता था। जमींदार और काश्तकार उनसे बेगार करवाते थे, उन्हें गाँव के कुओं से जल भरने का अधिकार नहीं था। इतना ही नहीं, उनकी स्त्रियों पर उच्च वर्ण के लोग गिद्ध-दृष्टि रखते थे। प्रारंभ से ही आदिवासियों को असभ्य और जंगली समझा जाता था। जमींदारों के अनुसार, आदिवासी ईश्वर द्वारा दिए गए वे गुलाम थे, जो जीवन भर उनकी सेवा करते थे। उनकी स्त्रियाँ उनके विलास और भोग की वस्तुएँ मात्र थीं। वस्तुतः उनकी दृष्टि में ये लोग ऐसे पशुओं के समान थे, जो उनके समस्त बोझों को उठाने का साधन थे। इतना कुछ होने पर भी आदिवासियों को उनकी सेवा एवं कार्यों के बदले दो वक्त की रोटी मिलना भी दूभर था। सारा दिन कठोर परिश्रम करने के बाद रात को आधा पेट खाकर सो जाना उनकी नियति बन चुकी थी। ऐसी विकट परिस्थितियों में भी मुंडा चुपचाप उनके अत्याचारों को सहते जा रहे थे।

उलिहातु से पलायन

अयुबहातु के ढीबर मुंडा की सबसे बड़ी पुत्री करमी बचपन से ही बड़े सरल स्वभाव की थी। उसके गुणों और मृदु वाणी से प्रभावित होकर ही सुगना ने उससे विवाह किया था। विवाह के उपरांत ससुराल में करमी ने एक बड़े परिवार के साथ अपने

गृहस्थ-जीवन का शुभारंभ किया। इस परिवार में उनके पति के दो भाई, उनके परिवार तथा सास-ससुर थे। सुगना और करमी ने निश्चय किया कि वे परिवार के साथ रहकर जीवन भर उनकी सेवा करेंगे। शीघ्र ही करमी ने अपने मृदु व्यवहार से सभी का दिल जीत लिया। घर के प्रत्येक कार्य को पूरी तत्परता से करना तथा सास-ससुर की आवश्यकताओं का ध्यान रखना उसे अत्यंत प्रिय था।

धीरे-धीरे गृहस्थी की जिम्मेदारियाँ तथा आर्थिक तंगी बढ़ती गई। जमींदार भी अनेक प्रकार से उन्हें प्रताड़ित करते रहते थे। ऐसे में सुगना का सोया हुआ स्वाभिमान जाग उठा। उनका परिवार जमींदारों की गुलामी करे, कोई उसकी पत्नी पर कुदृष्टि डाले, यह उन्हें स्वीकार नहीं था, इसलिए उन्होंने परिवार सहित उलिहातु छोड़ने का निश्चय कर लिया।

एक दिन करमी व बच्चों को लेकर सुगना किसी नए ठिकाने की तलाश में चल पड़े। उन्हें ऐसे स्थान की खोज थी, जहाँ वह भरपूर परिश्रम करके परिवार की सभी आवश्यकताएँ पूरी कर सकें। उनकी इच्छा थी कि अपने बच्चों को पढ़ा-लिखाकर इस नारकीय जीवन से उबार लें। आखिरकार वे राँची में स्थित बंबा नामक गाँव पहुँचे और वहीं बस गए।

ईसाई धर्म-प्रचारक

ब्रिटिश हुकूमत तथा जमींदारों के अतिरिक्त एक अन्य वर्ग भी आदिवासियों को अपने जाल में फँसाने के लिए प्रयासरत था। यह वर्ग ईसाई मिशनरियों का था। यद्यपि ये धर्म-प्रचारक थे, लेकिन इनका वास्तविक उद्‌देश्य भारत में ब्रिटिश साम्राज्य की नींव को मजबूत करना था। भारत में इनका सर्वप्रथम आगमन ब्रिटिश व्यापारियों के साथ हुआ। उस समय तक इन धर्म-प्रचारकों का कार्य केवल

शांति-सभाओं तक ही सीमित था, किंतु इंग्लैंड द्वारा भारत पर पूर्ण आधिपत्य स्थापित करने के बाद से इनका प्रभाव बढ़ने लगा।

ब्रिटिश सरकार जानती थी कि भारतीय समाज के लिए धर्म सर्वोपरि है तथा उसके लिए वह कुछ भी करने से पीछे नहीं हटेगा। उसका मानना था कि यदि भारतीय ईसाई धर्म स्वीकार कर लें तो भारत सदा के लिए इंग्लैंड के साम्राज्य में विलीन हो जाएगा। ऐसी स्थिति में न तो फ्रांस व पुर्तगाल जैसे देश भारतीय उपमहाद्वीप में अपनी जड़ें फैला सकेंगे और न ही ब्रिटिश सरकार के विरुद्ध कहीं से विद्रोह का नारा बुलंद होगा। इस तरह ईसाई धर्म-प्रचारकों के माध्यम से सरकार गहरा षड्यंत्र रच चुकी थी।

अतः हजारों की संख्या में ईसाई धर्म-प्रचारक भारत भेजे गए। उनका कार्य निर्धन तथा असहाय लोगों को साम, दाम, दंड, भेद द्वारा ईसाई धर्म अपनाने के लिए प्रेरित करना था। देखते-ही-देखते असंख्य ईसाई धर्म-प्रचारक मक्खियों के झुंडों की तरह भारत के दूर-दराज के क्षेत्रों में फैल गए। इस कार्य के लिए उन्होंने अनेक मिशनरी स्कूलों एवं कॉलेजों की स्थापना की, अनेक सहायता केंद्र खोले। गाँव-गाँव घूमकर वे जमींदारों द्वारा पीड़ित लोगों को एकत्रित करने लगे तथा विभिन्न सुविधाओं का लालच देकर उन्हें ईसाई बनाने लगे।

अब तक ईसाई प्रचारकों के हाथ एक ऐसा अस्त्र लग गया था, जिसके माध्यम से वे सरलतापूर्वक लोगों को ईसाई धर्म की ओर आकर्षित करने लगे। यह अस्त्र था—समाज के उच्च वर्ग और निम्न वर्ग के बीच पड़ी हुई दरार। उच्च वर्ग अपने स्वार्थ हेतु निम्न वर्ग का शोषण कर रहा था। इसके फलस्वरूप निम्न वर्ग की स्थिति अत्यंत दयनीय थी। ईसाई प्रचारकों के लिए भारतीय समाज की यह स्थिति वरदान सिद्ध हुई। वे सदियों पुरानी इस दरार को और अधिक चौड़ा करने लगे। इसके अंतर्गत वे निम्न वर्ग के बीच

जाकर उन्हें उच्च वर्ग के अत्याचारों से अवगत कराते तथा उन्हें आर्थिक एवं सामाजिक सहायता का आश्वासन देते।

'स्वधर्म से हमें केवल अपमान, भूख, निर्धनता और गुलामी का अभिशाप मिला है। इसके विपरीत, ईसाई धर्म द्वारा हमें वह सबकुछ सहज ही प्राप्त हो जाएगा, जो अब तक केवल उच्च वर्ग तक सीमित था।' धीरे-धीरे यह विचार निम्न वर्ग के लोगों के बीच पनपने लगा। इसी का प्रभाव था कि लोग अपने धर्म से विमुख होकर ईसाई धर्म अपनाने लगे।

सुगना मुंडा भी समाज के निम्न वर्ग से संबंधित थे। यद्यपि वह किसान थे, तथापि उन्हें जमींदारों के लिए बेगार करनी पड़ती थी। उनकी जमीन से प्राप्त होनेवाली आय जमींदार के अधीन थी। कमर तोड़ परिश्रम करने के बाद भी परिवार का ठीक से पालन-पोषण करने में वह पूर्णतः असमर्थ थे। बचपन से ही वह जमींदारों द्वारा किसानों की अवहेलना, शोषण और अत्याचार देख रहे थे। मंदिर में निम्न वर्ग का प्रवेश वर्जित था। कहीं विद्या अर्जित करके कोई निम्नवर्गीय व्यक्ति उच्च वर्ग के विरुद्ध खड़ा न हो जाए, इस भय से गाँव में विद्या प्राप्त करने पर प्रतिबंध था। ऐसा केवल उन्हीं के साथ नहीं था, बल्कि गाँव के प्रत्येक निम्नवर्गीय व्यक्ति को इन यातनाओं से गुजरना पड़ता था, लेकिन फिर भी सभी सिर झुकाए जमींदारों के अत्याचार सह रहे थे। इसी बीच सुगना एक ईसाई प्रचारक के संपर्क में आए।

ईसाई प्रचारक सुगना जैसे लोगों की स्थिति को भली-भाँति जानता था। उसे उनकी किस दुखती रग पर हाथ रखना है, वह पहले से ही सोच चुका था। अतः उसने समझाते हुए कहा, "सुगना, तुम्हारी स्थिति एक गुलाम से अधिक नहीं है। न तो तुम्हें मंदिर जाने का अधिकार है और न ही तुम अपने परिश्रम का सदुपयोग कर सकते हो। जमींदार तथा उच्च वर्ग के लोग तुमसे गुलामों की भाँति कार्य

करवाते हैं और तुम्हारे घर की मर्यादा पर भी कुदृष्टि रखते हैं। तुम्हें मंदिर जाने से रोकते हैं, यह तुम्हारे धर्म की कमजोरी है कि वह एक ही धरती पर पैदा हुए लोगों में भेदभाव करता है। इस अन्याय को तुम्हारे पूर्वज सदियों से सहते आए हैं। तुम भी इसका एक हिस्सा बन रहे हो और तुम्हारी संतानों को भी यह भोगना पड़ेगा। क्या तुम नहीं चाहते कि तुम भी मान-सम्मान से जीवन जीओ? तुम्हारा घर भी धन-धान्य से परिपूर्ण हो? तुम्हारे बच्चे भी पढ़-लिखकर अपने भविष्य को उज्ज्वल बनाएँ? निःसंदेह तुम ऐसा चाहते होगे, लेकिन हिंदू धर्म में रहते हुए तुम ऐसा नहीं कर सकते; क्योंकि हिंदू धर्म का उच्च वर्ग कभी भी तुम्हें ऊपर नहीं उठने देगा। वह कभी नहीं चाहेगा कि तुम्हारी संतानें पढ़-लिखकर उनकी बराबरी करें। इसके विपरीत, ईसाई धर्म समानता पर आधारित है। इस में न तो कोई उच्च है और न ही कोई निम्न। इसमें सभी को उन्नति के बराबर अवसर मिलते हैं। इसलिए यदि तुम इस नारकीय जीवन से छुटकारा पाना चाहते हो तो ईसाई धर्म स्वीकार कर लो।''

प्रचारक की बातें सुगना के हृदय को बेध गईं। उनका स्वप्न था कि वह अपनी संतान को पढ़ा-लिखाकर इस कष्टमय जीवन से मुक्त करें। उस समय पढ़ना-लिखना केवल ईसाई मिशनरियों द्वारा संभव था, इसलिए जब उन्होंने सुगना को उन्नति एवं सुखमय भविष्य का प्रलोभन दिया, तो वह ईसाई धर्म अपनाने के लिए सहमत हो गए।

इस प्रकार नारकीय जीवन से मुक्ति पाने तथा बच्चों का भविष्य उज्ज्वल बनाने के लिए सुगना धर्म-परिवर्तन करके ईसाई बन गए और उनका नाम 'मसीहदास' हो गया।

□

3

आरंभिक शिक्षा

बिरसा मुंडा का बचपन

बिरसा मुंडा का जन्म उलिहातु में हुआ था, परंतु होश सँभालने से पूर्व ही पिता के साथ वह चलकद क्षेत्र के बंबा गाँव में आ गए। सुगना मुंडा की पाँच संतानों में बिरसा चौथी संतान थे। वह अपनी शरारतों और अठखेलियों से माता-पिता का मन मोह लेते थे। बचपन से ही बिरसा अत्यंत प्रतिभाशाली और समझदार थे। माता या पिता द्वारा कही गई किसी भी सीख को वह सरलता से समझ लेते और उनका अनुसरण करते। उनकी इसी बौद्धिकता के कारण माता-पिता उन्हें सबसे अधिक प्रेम करते थे।

इतना सबकुछ होते हुए भी बिरसा का बचपन फूलों का पालना नहीं था, अपितु मुंडाओं के बच्चों की तरह काँटों एवं धूल भरे मार्ग से परिपूर्ण था। उनका बचपन भुखमरी, गरीबी और अभावों से ग्रस्त था। अशिक्षा का घना अंधकार उनके मन-मस्तिष्क को घेरे हुए था। अभी तक परिवार का बोझ अकेले पिता सुगना पर ही था, परंतु शीघ्र ही बिरसा के बड़े भाई कोमता मुंडा को भी इस चक्की में

पिसना पड़ा। मात्र दस वर्ष की आयु में बालपन की अठखेलियाँ छोड़कर कोमता बारतोली के एक संपन्न मुंडा के घर नौकरी करने लगे। बाद में कोमता ने बारतोली में ही एक युवती से विवाह कर लिया। विवाह के बाद वह परिवार सहित पुनः पिता के पास लौट आए।

सुगना मुंडा ने बिरसा मुंडा को शिक्षा दिलवाने के लिए ईसाई धर्म स्वीकार किया था। ईसाई मिशनरियों ने भी आश्वासन दिया था कि वे बिरसा के लिए शिक्षा की उपयुक्त व्यवस्था करेंगे, लेकिन सुगना का स्वप्न साकार नहीं हुआ। बंबा गाँव में भी जमींदारों का बोलबाला था। वे किसी भी निम्नवर्गीय व्यक्ति को शिक्षित नहीं देखना चाहते थे। वस्तुतः निम्न वर्ग की अशिक्षा ही उनके सुखों एवं भोगों का आधार थी। इन उच्चवर्गीय लोगों पर अंग्रेज अधिकारियों की कृपा-दृष्टि थी। समय-समय पर अंग्रेज अधिकारियों को अनेक मूल्यवान उपहार एवं धन आदि देकर वे उन्हें संतुष्ट करते थे। इसके फलस्वरूप सरकार जमींदारों के विरुद्ध कोई भी कारखाई करने या उनके दबदबे को समाप्त करने में असमर्थ थी। वास्तव में जमींदार सरकार के वे पिट्ठू थे, जिनसे आम लोगों पर सरकार का प्रभुत्व स्थापित था।

ऐसी स्थिति में ईसाई मिशनरी निम्नवर्गीय समुदाय को शिक्षित करके उस गाँव के जमींदारों से टकराना नहीं चाहते थे। अतः उन्होंने लोगों में शिक्षा के प्रचार-प्रसार को रोक दिया तथा विद्यालयों में भी स्थानीय बच्चों के प्रवेश पर प्रतिबंध लगा दिया। परिणाम यह हुआ कि अनेक प्रयत्न करने के बाद भी बिरसा को विद्यालय में प्रवेश नहीं मिला। बिरसा की शिक्षा को लेकर सुगना अत्यंत चिंतित रहने लगे।

शुरुआती शिक्षा

करमी का सोहराई नामक एक भाई और जॉनी नाम की एक

बहन थी। वे दोनों ही बिरसा से बहुत प्रेम करते थे। एक बार वे उनसे मिलने बंबा आए। उन दिनों बिरसा की शिक्षा को लेकर सुगना की चिंता दिन-प्रतिदिन बढ़ती जा रही थी। जिस उद्देश्य को पूर्ण करने के लिए उन्होंने ईसाई धर्म स्वीकार किया, वह व्यर्थ हो गया। उन्हें चारों ओर अंधकार-ही-अंधकार दिखाई दे रहा था। ऐसे में जॉनी ने बिरसा को साथ ले जाने का हठ पकड़ लिया। चूँकि अयुबहातु में शिक्षा के उपयुक्त अवसर थे, इसलिए वह चाहती थी कि बिरसा उनके पास रहकर शिक्षा अर्जित करे। सोहराई ने भी सुगना को आश्वासन दिया कि वे वहाँ बिरसा की शिक्षा की उचित व्यवस्था कर देंगे।

सुगना हृदय के टुकड़े को स्वयं से अलग नहीं करना चाहते थे, लेकिन उनकी इच्छा थी कि बिरसा का भविष्य उज्ज्वल हो। इसके लिए बिरसा का शिक्षित होना आवश्यक था। अतः दिल पर पत्थर रखकर सुगना और करमी ने बिरसा को जॉनी के साथ भेज दिया।

अयुबहातु का विद्यालय जयपाल नाग नामक व्यक्ति द्वारा संचालित था। समाज की सेवा करना ही उनका एकमात्र ध्येय था। उनका मानना था कि अशिक्षा ही निम्नवर्गीय लोगों की अवनति का कारण है, लेकिन शिक्षा द्वारा मनुष्य अपने साथ-साथ समाज का भी उत्थान करने में सक्षम हो सकता है। इसलिए वे समाज के निम्नवर्गीय लोगों को शिक्षित करने का कार्य करते थे। दो वर्ष तक अयुबहातु में रहने के बाद अंततः बिरसा को विद्यालय में प्रवेश मिल गया। इस प्रकार एक छोटे से विद्यालय में बिरसा की शिक्षा आरंभ हुई।

खटांगा में निवास

बिरसा बहुत ही कुशाग्र बुद्धि के बालक थे। पढ़ने-लिखने में दूर-दूर तक उनका कोई प्रतिद्वंद्वी नहीं था। अध्यापकों द्वारा बताई गई ज्ञानवर्द्धक बातों को वह सहज ही समझ लेते थे तथा उन्हें मस्तिष्क

की गहराइयों में दृढ़ता से बिठा लेते थे। कोई भी विषय उनके लिए कठिन नहीं था। इसके अतिरिक्त खेल-कूद में भी उन्हें महारत हासिल थी। धीरे-धीरे उन्होंने सभी अध्यापकों के हृदय में अपने लिए एक विशेष स्थान बना लिया था।

अपने विद्यालय में आए इस गुणवान् बालक से जयपाल नाग भी अनभिज्ञ नहीं थे। यद्यपि उन्होंने अनेक बालकों को शिक्षा प्रदान की थी, परंतु अब तक उनका सामना ऐसे किसी बालक से नहीं हुआ था, जिसने उनके मन-मस्तिष्क पर गहरी छाप छोड़ी हो। बिरसा के गुणों ने उन्हें अत्यंत प्रभावित किया। वे जान चुके थे कि आनेवाले समय में यह बालक एक महान् व्यक्ति के रूप में समाज पर अपनी छाप छोड़ेगा।

इसी बीच जॉनी का विवाह हो गया। उनका ससुराल खटांगा नामक गाँव में था। विवाह के बाद जॉनी बिरसा को भी अपने साथ खटांगा ले गई। वहाँ पहुँचकर भी बिरसा की शिक्षा जारी रही।

ईसाई पादरी से भेंट

अन्य स्थानों की तरह खटांगा गाँव में भी एक ईसाई पादरी आया करता था। ईसाई धर्म के प्रचार का उसका तरीका अन्य मिशनरियों से थोड़ा भिन्न था। ईसाई धर्म की विशेषताएँ बताने के साथ-साथ वह हिंदू धर्म की बुराइयाँ भी बखान करता था।

एक बार उस पादरी की भेंट बिरसा से हुई। पादरी ने मीठी-मीठी बातों द्वारा उसके मन को मोहित कर लिया। इसके बाद वह आदिवासियों के धर्म-कर्म की आलोचना करते हुए बोला, "आदिवासी समाज का सबसे पिछड़ा और अशिक्षित समुदाय है। इसलिए आदिवासियों के धार्मिक कृत्य भी अंधविश्वास और अज्ञान से परिपूर्ण हैं। इनका कोई औचित्य नहीं है। ऐसे कर्म मनुष्य को केवल नरक की ओर धकेलते हैं। इसके विपरीत, ईसाई धर्म उस स्वच्छ जल की तरह है,

जिसके प्रभाव में आकर अंधविश्वास और अज्ञान धुल जाता है। इसलिए इसे अपनाकर सभी गलत और अनुचित मान्यताओं एवं धारणाओं को त्याग देना चाहिए। ईसाई धर्म ही तुम जैसे लोगों को श्रेष्ठ बनाता है। इसके प्रभाव से तुम ईश्वर के निकट हो जाओगे।''

''कोई भी धर्म मनुष्य को नरक की ओर नहीं धकेलता, उसका उद्देश्य केवल ईश्वर-प्राप्ति होता है। समाज में अनेक धर्म हैं और उनके अंतर्गत ईश्वर-प्राप्ति के अलग-अलग साधन हैं। सभी अपनी-अपनी उपयोगिता एवं स्थिति के अनुसार इन साधनों का उपयोग करते हैं। ऐसे में किसी के धार्मिक कृत्यों को अंधविश्वास बतानेवाला मनुष्य ही अज्ञानी है।'' बिरसा ने शांत स्वर में उत्तर दिया।

ग्यारह साल के एक बालक के मुख से धर्म की परिभाषा सुनकर पादरी सकते में आ गया। वह समझ गया कि इस बालक को प्रभावित करना असंभव है। अतः वह चुपचाप वहाँ से चला गया।

□

4

बिरसा डेविड

बिरसा ने पूरी लगन और परिश्रम के साथ प्राथमिक शिक्षा पूर्ण की। उनकी योग्यता और शिक्षा के प्रति रुझान को देखकर हर कोई आश्चर्यचकित था। उनके मन में एक ही बात बार-बार उठती थी कि एक दिन यह बालक संसार में अपना नाम जरूर रोशन करेगा। प्राथमिक शिक्षा के उपरांत आगे की पढ़ाई के लिए सुगना ने उन्हें बुड़जू मिशन के पादरियों को सौंप दिया।

दाउद बिरसा

चूँकि ईसाई-मिशनरियों द्वारा संचालित शिक्षण-संस्थानों में केवल ईसाई विद्यार्थियों को ही शिक्षा प्रदान करने का नियम था। इसलिए वहाँ शिक्षा ग्रहण करने के लिए बिरसा का ईसाई होना आवश्यक था। सुगना पहले ही ईसाई धर्म स्वीकार कर चुके थे। अतः वह बिरसा को भी ईसाई बनाने के लिए सहमत हो गए। तब पादरियों ने बपतिस्मा संस्कार कर उन्हें ईसाई धर्म में सम्मिलित किया। बिरसा को 'दाउद बिरसा' का नाम मिला। कुछ मित्र उन्हें

‘बिरसा डेविड’ के नाम से भी संबोधित करते थे। इस प्रकार मार्ग में आनेवाली बाधाओं को पार करते हुए बिरसा शिक्षा ग्रहण करने लगे। अरबी में ‘डेविड’ को ही ‘दाउद’ कहते हैं।

मिशनरी उच्च स्कूल में प्रवेश

सुगना की प्रबल इच्छा यही थी कि बिरसा उच्च शिक्षा प्राप्त करे। वह परिवार की उन्नति और नारकीय जीवन से उबरने की एकमात्र आशा थे। उनकी शिक्षा-दीक्षा में किसी प्रकार की बाधा न आए, इसके लिए सुगना प्रयासरत थे। वह भली-भाँति जानते थे कि बिरसा को उच्च शिक्षा दिलवाने के लिए उन्हें धन की आवश्यकता पड़ेगी। अतः वह दिन-रात अथक परिश्रम करने लगे। खेतों में काम करते-करते कब दिन ढल जाता, उन्हें पता ही नहीं चलता। उन्हें केवल एक ही धुन थी कि किसी भी तरह बिरसा उच्च शिक्षा प्राप्त करे।

कुछ ही महीनों में सुगना ने थोड़ा-बहुत धन एकत्रित कर लिया। वह बिरसा को उच्च शिक्षा के लिए चाईबासा भेजना चाहते थे। उन दिनों स्थानीय विद्यार्थी उच्च शिक्षा हेतु चाईबासा नामक क्षेत्र में जाते थे। वहाँ उच्च प्राथमिक विद्यालय था, जिसका संचालन जर्मन ईसाई मिशन द्वारा किया जाता था। इसके अध्यक्ष पादरी लूथरन थे। सुगना ने उनसे भेंट की और अपनी दयनीय स्थिति का हवाला देते हुए बिरसा को विद्यालय में प्रवेश देने की प्रार्थना की।

पादरी लूथरन योग्य विद्यार्थियों के पारखी थे। बिरसा की शैक्षिक योग्यता ने उन्हें भी प्रभावित कर लिया। अतः उन्होंने बिरसा को मिशनरी स्कूल में प्रवेश दे दिया। बाद में विद्यालय के छात्रावास में बिरसा के रहने की व्यवस्था कर दी। अब वह वहीं रहकर शिक्षा अर्जित करने लगे।

ग्रामीण कलाओं से लगाव

बिरसा जिस मिशनरी स्कूल में शिक्षा प्राप्त कर रहे थे, उसका वातावरण ग्रामीण संस्कृति से अछूता था। वहाँ अध्ययन करनेवाले विद्यार्थियों को विभिन्न उपदेशों द्वारा ईसाई संस्कृति से सराबोर किया जाता था। कहीं वे ईसाई धर्म छोड़कर पुनः स्वधर्म न अपना लें, इस डर से उन्हें आदिवासी परंपराओं और तौर-तरीकों से दूर रखा जाता था।

इतना कुछ होने पर भी कहीं-न-कहीं बिरसा के मन-मस्तिष्क में ग्रामीण संस्कृति की गहरी छाप थी। बचपन के जो वर्ष उन्होंने आदिवासियों के बीच व्यतीत किए थे, उसका प्रभाव अब भी उनपर था। आदिवासी कलाओं को समझने और सीखने की उनमें प्रबल इच्छा थी। यही कारण था कि अनेक अवरोधों के बाद भी मात्र सोलह वर्ष की आयु में बिरसा अनेक ग्रामीण कलाओं में पारंगत हो गए थे। धनुष-बाण चलाने तथा तलवारबाजी में उनका कोई सानी नहीं था। मल्लयुद्ध में अपने पैंतरों से वह बड़े-से-बड़े पहलवान को भी धूल चटा देते थे। उनका सुडौल और हृष्ट-पुष्ट शरीर किसी भी पहलवान को भयभीत करने के लिए पर्याप्त था।

आदिवासी जहाँ एक ओर युद्ध-कलाओं में प्रवीण होते हैं, वहीं दूसरी ओर गीत-संगीत में भी उन्हें महारत हासिल होती है। बिरसा की भी न केवल युद्ध-कलाओं में रुचि थी, अपितु संगीत में भी उनका विशेष रुझान था। इसी के चलते उन्होंने बाँसुरी और तूमड़ी बजाना सीखा था। इनमें से भी बाँसुरी बजाना उन्हें बहुत प्रिय था। जब भी समय मिलता, वह निकट के वन में चले जाते और भेड़-बकरियों के बीच बैठकर बाँसुरी बजाते। उनका कंठ भी इतना सुरीला था कि उनके द्वारा गाए जानेवाले लोकगीत लोगों को मोहित कर लेते।

ईश्वर ने बिरसा को अपनी समस्त कलाओं से परिपूर्ण करके

धरती पर भेजा था। इसलिए प्रत्येक क्षेत्र में वह अपनी पहचान बनाने में सफल हुए।

पादरियों का मायाजाल

बिरसा ने सन् 1886 से लेकर 1890 तक मिशनरी स्कूल में उच्च शिक्षा प्राप्त की। इन पाँच वर्षों की अवधि में बिरसा ने अंग्रेजी भाषा का ज्ञान अर्जित किया। साथ ही मिशन के उद्देश्यों, कार्य करने की प्रणालियों तथा ईसाई-प्रार्थनाओं का भी गहन अध्ययन किया। इसका प्रभाव उनके व्यक्तित्व पर स्पष्ट रूप से दिखाई देता है; परंतु फिर भी वह असंतुष्ट थे। यद्यपि ईसाई धर्म में समानता, अधिकार तथा ईश्वर-प्राप्ति की बात कही जाती थी, तथापि इसके अंतर्गत अपनाए जानेवाले तरीके तथा तर्क बिरसा का मन अशांत कर देते। ईसाई धर्म को हिंदू धर्म से श्रेष्ठ मानना उनके लिए असंभव था। वह सभी धर्मों को एक समान मानते थे। उनका मत था कि कोई भी धर्म किसी दूसरे धर्म को अपमानित करना या उससे बैर करना नहीं सिखाता। धर्मों का एकमात्र उद्देश्य है—इनसानियत, स्नेह, परोपकार, दया और सत्य-मार्ग का पालन करना। इनका अनुसरण करना ही मनुष्य का सच्चा धर्म है। संसार के सभी धर्म ईश्वर रूपी वृक्ष की वे शाखाएँ हैं, जिनके अंतिम छोर से ईश्वर की प्राप्ति संभव है। अतः मनुष्य को अपने धर्म से विमुख होकर किसी दूसरे धर्म को अपनाने की कोई आवश्यकता नहीं है। उसे स्वधर्म में ही दूसरे धर्मों की विशेषताएँ ढूँढ़नी चाहिए। लेकिन बिरसा के ये विचार उस खाई को पाटने में असमर्थ थे, जो उच्च एवं निम्न वर्ग के बीच सदियों से गहराती आई थी। शक्तिहीनों का शोषण बदस्तूर जारी था। ऐसी स्थिति में शिक्षा ही उनकी उन्नति का एकमात्र साधन थी। इसलिए बिरसा ईसाई मिशनरियों से जुड़े रहे।

इसके अतिरिक्त उनके मिशन से जुड़ने का एक अन्य प्रमुख

कारण पादरियों द्वारा फैलाया गया वह मायाजाल था, जिसमें हजारों-लाखों भोले-भाले आदिवासी सरलता से फँसते जा रहे थे। वे निर्धन आदिवासियों को वचन देते थे कि ईसाई धर्म पर अडिग रहने पर वे उनकी आर्थिक और सामाजिक दशा को सुधार देंगे। इसके लिए वे उन्हें अपने द्वारा बताए गए मार्ग पर चलने के लिए प्रेरित करते थे।

ईसाई मिशनरी यह भली-भाँति जानते थे कि आदिवासी किसान भूमि को माता के समान मानते हैं और उसकी पूजा करते हैं। उसके लिए वे अपने प्राण देने से भी पीछे नहीं हटते। लेकिन निर्धनता और दयनीय स्थिति के कारण उनकी जमीनें छिनती गईं। जमींदार थोड़ा धन देकर उसके बदले में उनकी भूमि हथिया लेते। धीरे-धीरे आदिवासी भूमिहीन होकर जमींदारों के यहाँ गुलामी करने लगे।

पादरियों ने आदिवासियों की इस कमजोरी का लाभ उठाया। उन्होंने बिरसा जैसे अनेक युवकों को आश्वासन दिया कि यदि वे ईसाई धर्म का पालन करेंगे, तो वे शीघ्र ही उनकी जमीनें जमींदारों से मुक्त करवाकर उन्हें सौंप देंगे। यह एक ऐसा प्रलोभन था, जिसके सामने झुकना बिरसा को सहर्ष स्वीकार था। वह केवल यही चाहते थे कि उनके पिता और अन्य आदिवासियों की जमीनें उन्हें वापस मिल जाएँ। इसके लिए वह कोई भी बलिदान देने को तैयार थे।

□

5

विद्रोह की चिनगारी

मिशनरी आदिवासियों को अपनी बातों के जाल में फँसाकर ईसाई धर्म का प्रचार-प्रसार कर रहे थे। यद्यपि वे आदिवासियों को जमींदारों के चंगुल से मुक्त करवाने की बातें करते थे, परंतु वास्तव में वे भी जमींदारों के समान उनके शोषक सिद्ध हुए। एक ओर जमींदार आदिवासियों का आर्थिक शोषण कर रहे थे, वहीं दूसरी ओर मिशनरी उनके मानसिक एवं धार्मिक शोषण में लिप्त थे। किसी भी तरह से भारत के निर्धन एवं असहाय वर्ग को ईसाई बनाना उनका लक्ष्य था। इसके लिए वे उनसे बड़े-से-बड़ा झूठ बोल सकते थे, उन्हें कोई भी प्रलोभन दे सकते थे।

परंतु उनका यह मायाजाल अधिक दिनों तक टिक नहीं सका। धीरे-धीरे उनकी बातों के पीछे छिपा षड्यंत्र लोगों की समझ में आने लगा। इसके फलस्वरूप मुंडा सरदार मिशनरियों की उपेक्षा करने लगे। उनके द्वारा दिए गए प्रलोभनों का मोह त्यागकर उन्होंने ईसाई धर्म अपनाने से इनकार कर दिया। शीघ्र ही मिशनरियों के विरुद्ध मुंडा सरदारों ने आंदोलन आरंभ कर दिया। यह आंदोलन एक चिनगारी की

भाँति था, जो भविष्य में भयंकर रूप धारण करनेवाला था।

चिनगारी

ईसाई मिशनरियों ने मुंडा सरदारों को भ्रमित करने के अनेक प्रयास किए, परंतु अब उनकी दाल गलना असंभव था। मुंडा सरदारों ने निश्चय कर लिया था कि वे एकजुट होकर मिशनरियों का सामना करेंगे। इससे मिशनरी विचलित हो गए और खुलकर सामने आ गए। वे आदिवासियों को बेईमान और असभ्य कहकर अपमानित करने लगे। इसके अतिरिक्त मिशनरी स्कूलों में सभाएँ करके वे ईसाइयों से उनके विरुद्ध खड़े होने का आह्वान करते।

एक बार चाईबासा के मिशनरी स्कूल में भी इस प्रकार की सभा का आयोजन किया गया। उस सभा में पादरी भड़काऊ भाषण दे रहा था–"जमीन की मिट्टी को चाहे माथे पर क्यों न लगा लिया जाए, लेकिन वह कभी सोना नहीं बनती। आदिवासी भी इसी मिट्टी की तरह हैं। इन असभ्य और जंगली लोगों को सभ्य बनाने के मिशनरियों ने अथक प्रयास किए, उनकी उन्नति के मार्ग प्रशस्त किए, मूलभूत सुविधाओं के साथ-साथ उन्हें शिक्षित करने की व्यवस्था की। इतना ही नहीं, सरकार से मिलकर उनके लिए अनेक योजनाएँ तैयार कीं, लेकिन फिर भी वे अपनी उजड्डता, असभ्यता और जंगलीपन को छोड़ना नहीं चाहते। उन्हें अपने उन अंधविश्वासों से प्रेम है, जो उनके गर्त में गिरने का कारण हैं। हमें एकजुट होकर इन बेईमान और धोखेबाज मुंडा आदिवासियों को सबक सिखाना चाहिए। इन अधर्मियों को दंडित करने के लिए ही ईश्वर ने हमें यहाँ भेजा है और हम यह कार्य मिलकर संपन्न करेंगे।"

इस सभा में बिरसा भी एक ओर बैठे हुए पादरी के भाषण को सुन रहे थे। उसके मुख से निकले एक-एक शब्द से सोलह वर्षीय बिरसा का रोम-रोम जल उठा। अभी तक वह चुपचाप बैठे भाषण

सुन रहे थे, परंतु जब पादरी ने मुंडाओं को बेईमान और असभ्य कहकर अपमानित करना आरंभ किया, तो उनके लिए यह असहनीय हो उठा। उनके सामने ही मुंडाओं को तिरस्कृत किया जा रहा था।

अतः बिरसा अपने स्थान से उठ खड़े हुए और गरजते हुए बोले, ''मुंडा कभी बेईमान नहीं होते। ईमानदारी उनकी रग-रग में बसती है। इसके लिए वे अपनी जान देने से भी पीछे नहीं हटते। यदि कोई बेईमान और धोखेबाज है, तो वह तुम हो। झूठ और मक्कारी का सहारा लेकर तुम हमारा शोषण कर रहे हो। तुम केवल हमारा धर्म-परिवर्तन करने आए हो। इसके अतिरिक्त हमारी समस्याओं और आवश्यकताओं से तुम्हें कोई सरोकार नहीं है। तुमने वायदा किया था कि तुम हमारी जमीनें हमें वापस दिलवा दोगे, परंतु इतने वर्ष बीत जाने पर भी तुमने इसके लिए कोई प्रयास नहीं किया। अब मुंडा तुम्हारी चालों को समझ चुके हैं। वे जान चुके हैं कि तुम सरकार के साथ मिलकर हमारी सभ्यता और संस्कृति को समाप्त कर देना चाहते हो। लेकिन हमारी सादगी और सरलता का तुमने गलत आकलन किया है। मुंडा अगर किसी के लिए अपनी जान दे सकते हैं, तो अपने अधिकारों के लिए लड़ भी सकते हैं। तुमने मुंडाओं के स्वाभिमान को ललकारा है। अब देखना, मुंडा कैसे तुम्हारा सर्वनाश करते हैं!''

भरी सभा में एक मुंडा युवक द्वारा कठोर और सच्ची बात सुनकर पादरी सकपका गया। उसने स्वप्न में भी नहीं सोचा था कि मिशनरी स्कूल में ईसाइयों के बीच खड़ा होकर एक मुंडा अकेले ही उन्हें चुनौती दे डालेगा। बिरसा की उद्दंडता से वह क्रोधित था, परंतु उसका साहस देख मन-ही-मन भयभीत भी था। उसे बिरसा के रूप में ऐसी चिनगारी दिखाई दी, जो मिशनरियों को भस्म करने को उद्यत थी। बिरसा ने भरी सभा में धर्म के ठेकेदारों को ललकारा था।

स्कूल से पलायन

स्कूल के प्रांगण में आकस्मिक घटी इस घटना की सूचना शीघ्र ही मिशन के अध्यक्ष लूथरन को दी गई। उन्होंने पादरी से इस घटना के विषय में पूछा। पादरी अपमान की आग में जल रहा था। अतः जहर उगलते हुए बोला, ''महोदय, बिरसा मुंडा जाति से संबंधित है। इसलिए उससे सभ्यता और शालीनता की अपेक्षा करना व्यर्थ है। वह स्कूल में रहते हुए अन्य विद्यार्थियों को ईसाइयों के विरुद्ध भड़का रहा है। उसका दुःसाहस इतना बढ़ गया है कि आज उसने भरी सभा में मिशनरियों को ललकारा है। यदि कड़ी काररवाई नहीं की गई तो वह दिन दूर नहीं जब अन्य विद्यार्थी भी हमारे विरुद्ध खड़े हो जाएँगे। ऐसी स्थिति में हमारा अस्तित्व खतरे में पड़ जाएगा।''

लूथरन सोच में पड़ गए। बिरसा की योग्यता और प्रतिभा से वे भली-भाँति परिचित थे। उनके व्यवहार से भी वे अनभिज्ञ नहीं थे। इसलिए कोई भी कदम उठाने से पूर्व वे बिरसा को एक अवसर देना चाहते थे। उन्होंने बिरसा को बुलाया और उसे समझाते हुए कहा, ''पादरी ईश्वर का दूत होता है। उसका अपमान ईश्वर का अपमान करने के बराबर है। तुमने आज जो किया, वह क्षमा योग्य नहीं है, परंतु मैं तुम जैसे होनहार और प्रतिभाशाली विद्यार्थी को खोना नहीं चाहता, इसलिए तुम्हें एक अवसर देता हूँ। पादरी से अपनी उद्दंडता की क्षमा माँग लो और भविष्य में पुनः ऐसा न करने का वचन दो। इसी में तुम्हारी भलाई निहित है, अन्यथा मैं तुम्हारे विरुद्ध कड़ी काररवाई करने के लिए बाध्य हो जाऊँगा।''

''मैंने कुछ भी गलत नहीं किया। इन्होंने मेरे धर्म, मेरी जाति और मेरे लोगों का अपमान किया है। एक मुंडा होने के नाते मैं मुंडाओं का अपमान कदापि सहन नहीं कर सकता। इसलिए इनसे क्षमा माँगना मैं जरूरी नहीं समझता।'' बिरसा ने निर्भयता के साथ उत्तर दिया।

लूथरन क्रोधित होकर बोले, ''बिरसा, तुम मुंडा नहीं, ईसाई हो; तुमने ईसाई धर्म स्वीकार किया है। ईसाई होने के कारण ही तुम्हें इस स्कूल में प्रवेश मिला तथा छात्रावास में तुम्हारे रहने की व्यवस्था की गई। इसलिए उचित यही है कि तुम अपने अपराध के लिए क्षमा माँग लो।''

''मानसिक स्वतंत्रता के साथ-साथ विचारों की स्वतंत्रता ईसाई धर्म का आधार है। वह मनुष्य के बौद्धिक और व्यक्तित्व के विकास का स्रोत है, लेकिन कुछ संकुचित विचारोंवाले लोगों ने स्वार्थ हेतु इस धर्म का स्वरूप बिगाड़ दिया है। मान्यवर, जो अन्य धर्मों का अपमान करे, उनके रीति-रिवाजों एवं मान्यताओं का मजाक उड़ाए, अन्य धर्म के लोगों को प्रताड़ित करे, धर्म का ऐसा स्वरूप मुझे अस्वीकार्य है।'' बिरसा ने संयमित स्वर में कहा।

''तुम जैसे उद्‍दंड, असभ्य और जिद्‍दी लड़के के लिए इस स्कूल में कोई जगह नहीं है। तुम इसी समय यहाँ से चले जाओ। मैं तुम्हें स्कूल से निकालता हूँ।'' लूथरन ने एक ही साँस में अपना निर्णय सुना दिया।

होंठों पर मुस्कराहट लिये बिरसा कक्ष से बाहर चले आए।

□

6

मुंडा सरदार मनोनीत

मिशनरी स्कूल में बिरसा ने लगभग पाँच वर्षों तक अध्ययन किया। इसमें प्रवेश पाने के लिए उन्होंने अपना धर्म तक बदल लिया था, लेकिन आज वही बिरसा इसे छोड़कर जा रहे थे। मिशनरियों के मनमाने नियमों तथा धर्महीन कार्यों का अनुसरण करना अब उनके लिए असंभव था। ईसाई धर्म उन्हें स्वयं पर लादे गए बोझ के समान प्रतीत हो रहा था। इसलिए स्कूल के साथ-साथ उन्होंने ईसाई धर्म त्यागने का भी निश्चय कर लिया। उन्होंने शीघ्र ही अपना सामान बाँधा और स्कूल से विदा ली। अन्य विद्यार्थी बिरसा के निष्कासन से दुःखी थे। उन्होंने उनके साथ बहुत समय व्यतीत किया था, अनेक विषयों पर उनके अमूल्य विचारों को ग्रहण किया था। जिन्होंने हर दुःख एवं संकट में उनका साथ दिया था, वह बिरसा उनसे अलग हो रहे थे। वे अपने मित्र को भावभीनी विदाई दे रहे थे, लेकिन उन्हें विश्वास था कि एक दिन बिरसा सत्य और न्याय के मार्ग पर चलते हुए संसार में अपने नाम से अवश्य पहचाने जाएँगे।

बड़ी पुरानी उक्ति है-'ईश्वर जो करता है, अच्छे के लिए

करता है।' अर्थात् प्राणी के साथ घटित होनेवाली प्रत्येक घटना के पीछे कोई-न-कोई अच्छाई अवश्य छिपी होती है। यद्यपि घटना के समय प्राणी उसके पीछे छिपी अच्छाई से अनभिज्ञ रहता है, लेकिन शीघ्र ही उसे उसके महत्त्व का ज्ञान हो जाता है। बिरसा जैसे होनहार और योग्य विद्यार्थी के स्कूल से निष्कासन की घटना लोगों के लिए पीड़ादायक थी, लेकिन कहीं-न-कहीं इसके पीछे ईश्वर का वह महान् कार्य छिपा हुआ था, जिसे स्कूल में रहते हुए पूर्ण करना बिरसा के लिए असंभव था। वास्तव में स्कूल-निष्कासन बिरसा के जीवन को एक नई दिशा देने का माध्यम मात्र था।

अब बिरसा के समक्ष खुला आसमान और विस्तृत फैली जमीन थी, जहाँ उसे अपने अस्तित्व को तलाशना था। बिरसा ने पीछे मुड़कर स्कूल को देखा और मन-ही-मन कोई संकल्प कर तेज कदमों से अपने घर की ओर बढ़ गए।

मुंडाओं का समर्थन

'मुंडाओं के पक्ष में बोलने के कारण बिरसा को स्कूल से निष्कासित कर दिया गया है,' यह खबर जंगल की आग की तरह चारों ओर फैल गई। चारों ओर सुगबुगाहट होने लगी। बिरसा के चलकद पहुँचने से पूर्व ही उनके निष्कासन का समाचार गाँव तक पहुँच चुका था। घर-घर में बिरसा के साहस की प्रशंसा हो रही थी।

मिशनरियों के लिए स्कूल-निष्कासन की घटना अधिक महत्त्व की नहीं थी, लेकिन मुंडाओं के लिए यह किसी चमत्कार से कम नहीं था। आज तक किसी ने भी अंग्रेजों के बीच खड़े होकर इस तरह विद्रोह का स्वर बुलंद नहीं किया था।

"बिरसा एक सच्चा मुंडा है। उसने अपनी जाति और धर्म के सम्मान के लिए अंग्रेज पादरियों के विरुद्ध विद्रोह कर दिया है।"

एक व्यक्ति ने जोश से भरकर कहा।

"वह शेर की तरह खड़ा हुआ और हाथी की तरह चिंघाड़ते हुए पादरी को भयभीत कर डाला।" दूसरे व्यक्ति ने अपनी जानकारी प्रस्तुत की।

"आज तक किसी ने अंग्रेजों को इस तरह नहीं ललकारा। बिरसा की निर्भयता और साहस से डरकर ही उन्होंने उसे स्कूल से निकाल दिया है।" एक अन्य व्यक्ति ने अपने विचार प्रकट किए।

"बिरसा अंग्रेजों और उनके पिट्ठू जमींदारों का दुश्मन है। उसकी बाँहों में शक्ति है, दिल में जोश है और मुख तेजयुक्त है। वह मुंडाओं का भला करने के लिए ही पैदा हुआ है।" एक व्यक्ति आक्रोश में बोला।

जितने मुँह, उतनी बातें, हर कोई स्वयं को बिरसा से जोड़ते हुए उसकी तारीफों के पुल बाँध रहा था।

मुंडा-बालाएँ भी बिरसा के साहसी कार्य से अनभिज्ञ नहीं थीं। परस्पर एक-दूसरे को छेड़ती हुई वे बिरसा से प्रेम होने की बात कहने लगीं। उनके मन-मस्तिष्क में बिरसा एक वीर, साहसी और पराक्रमी राजकुमार के रूप में अंकित हो गया था। वे मन-ही-मन उन्हें पाने का स्वप्न देखने लगीं।

इस घटना ने मृत शवों में प्राण फूँकने का कार्य किया। जो मुंडा चुपचाप अत्याचारों को सह रहे थे, उन्हें बिरसा के रूप में एक योग्य और साहसी नेतृत्व करनेवाला मिल गया था। उन्होंने बिरसा को समर्थन देने का निश्चय कर लिया।

गाँव पहुँचते ही मुंडाओं द्वारा बिरसा का भव्य स्वागत हुआ। इतना स्नेह और सम्मान पाकर वह भाव-विभोर हो गए। सुगना और करमी अपने पुत्र के इस सम्मान पर फूले नहीं समा रहे थे।

कुछ दिनों बाद मुंडा सरदारों ने मिलकर बिरसा के समक्ष एक

प्रस्ताव रखा, जिसमें स्पष्ट तौर पर उल्लेख किया गया था कि सभी मुंडा आदिवासी बिरसा को अपना नेता स्वीकार करते हैं। वह जैसा कहेंगे, मुंडा उसी के अनुसार कार्य करेंगे। बिरसा ने इस बारे में अभी कुछ नहीं सोचा था, लेकिन वह मुंडाओं को इस दयनीय स्थिति में भी नहीं छोड़ सकते थे। अतः उन्होंने मुंडा समुदाय की सहायता करने का आश्वासन दे दिया।

□

7

महात्मा बिरसा

सन् 1891 का वर्ष बिरसा मुंडा के जीवन के लिए अत्यंत महत्त्वपूर्ण रहा। यह वह समय था, जब उनके जीवन में अभूतपूर्व परिवर्तन हुआ। उस वर्ष उनकी भेंट आनंद पांडे नामक एक व्यक्ति से हुई। आनंद पांडे बंदगाँव के जमींदार जगमोहन सिंह के मुंशी थे। वे कोई विद्वान् नहीं थे, लेकिन फिर भी वैष्णव धर्म में उनकी अगाध श्रद्धा थी। इसके अतिरिक्त धार्मिक विषयों के पठन, चिंतन और मनन में वे विशेष रुचि लेते थे। यही कारण था कि वेद, पुराण, उपनिषद्, रामायण, महाभारत, गीता आदि धार्मिक ग्रंथों का उन्होंने गहन अध्ययन किया था। हिंदू धर्म के प्रारंभिक सिद्धांतों तथा उसकी विभिन्न शाखाओं एवं आधारभूत तत्त्वों का उन्हें अच्छा ज्ञान था। अपनी विद्वत्ता और ज्ञान के बल पर वे उस क्षेत्र के नामी एवं प्रभावशाली व्यक्तियों में गिने जाते थे।

आनंद पांडे की विद्वत्ता की चर्चा चलकद गाँव में अकसर हुआ करती थी। बिरसा ने अपने पिता तथा मित्रों के मुख से कई बार उनके बारे में सुना था। उनके मन में उनसे मिलने की आकांक्षा

बलवती होती गई। अंततः वह बंदगाँव जा पहुँचे। आनंद पांडे ने भी बिरसा मुंडा से संबंधित अनेक बातें सुनी थीं। उन्होंने उनका उचित सत्कार किया। शीघ्र ही दोनों में घनिष्ठता बढ़ गई। बिरसा ने आनंद पांडे को अपना गुरु बना लिया।

ईसाई से हिंदू

बिरसा अब बंदगाँव में ही रहने लगे। उनका अधिकांश समय आनंद पांडे और उनके भाई सुखनाथ पांडे के साथ व्यतीत होता था। वे अकसर धर्म-चर्चा करते थे। कभी-कभी वे इसमें इतने लीन हो जाते कि आस-पास की सुध-बुध ही नहीं रहती थी। इन धर्म-चर्चाओं का बिरसा पर बहुत गहरा प्रभाव पड़ा।

आनंद पांडे के सान्निध्य ने बिरसा के हृदय में हिंदू धर्म का बीजारोपण करने में महत्त्वपूर्ण योगदान किया। आनंद के मुख से धर्म की सौम्य और सारगर्भित परिभाषा सुनकर उनका मन पुलकित हो जाता। कोई धर्म मानव-हृदय में शांति और हर्ष उत्पन्न कर सकता है, इसका अनुभव बिरसा को पहली बार हुआ था। अभी तक वह ईसाई धर्म का अनुसरण कर रहे थे, जिसमें पादरियों द्वारा स्वधर्म का परित्याग कर ईसाई बनने पर जोर दिया जाता था। वे न केवल दूसरे धर्म और उसके रीति-रिवाजों का मजाक उड़ाते थे, बल्कि लोगों की दयनीय स्थिति का लाभ उठाकर उन्हें धर्म-परिवर्तन के लिए विवश भी करते थे; परंतु हिंदू धर्म में ऐसा कोई भी प्रावधान नहीं था। इसमें जहाँ सभी धर्मों को समान रूप से आदर देने की बात कही गई थी, वहीं लोगों को दया, ईमानदारी, परोपकार तथा सत्य के पालन जैसे नैतिक कार्य करने के लिए प्रेरित किया गया था।

'दूध का जला छाछ भी फूँक-फूँक कर पीता है,' यह उक्ति बिरसा के व्यवहार में स्पष्ट दिखाई देने लगी थी। हिंदू धर्म ने उन्हें अत्यंत प्रभावित किया था और वह इसे अपनाने के लिए उत्सुक थे,

परंतु इससे पूर्व वह इसके छोटे-से-छोटे पक्ष को भी भली-भाँति जान लेना चाहते थे। अत: उन्होंने भारतीय दर्शन तथा संस्कृति को जानने का निश्चय कर लिया।

विभिन्न ग्रंथों का प्रभाव

वेद, पुराण, रामायण, महाभारत, गीता आदि हिंदू धर्म तथा दर्शन के प्रमुख ग्रंथ कहे गए हैं। इनके अध्ययन से मनुष्य की बौद्धिकता और विद्वत्ता का सर्वांगीण विकास होता है। बिरसा ने जब आनंद पांडे के समक्ष हिंदू धर्म को जानने की अभिलाषा प्रकट की, तो उन्होंने इन्हें इन्हीं धर्म-ग्रंथों के अध्ययन का परामर्श दिया।

बिरसा ने सर्वप्रथम वेदों का अध्ययन आरंभ किया। जैसे-जैसे वह इनका चिंतन और मनन करते गए, वैसे-वैसे उनके मन-मस्तिष्क के बंद द्वार खुलते गए। इनके अध्ययन से उन्हें भारतीय दर्शन, चिकित्सा संबंधी उपायों तथा संगीत कला के विषय में अनेक गूढ़ रहस्य जानने को मिले। धर्म का वास्तविक स्वरूप और मनुष्य के नैतिक, सामाजिक एवं धार्मिक कर्मों का ज्ञान उन्हें इन्हीं से प्राप्त हुआ।

जिस प्रकार परिवार एवं समाज के कल्याण हेतु भगवान् राम ने पितृ-आज्ञा का पालन करते हुए सत्य-पथ पर अडिग रहने का व्रत लिया तथा पापियों का संहार किया था, उसी प्रकार बिरसा ने भी रामायण पढ़कर समाज-सुधार का बीड़ा अपने कंधों पर लेने का निश्चय कर लिया।

मनुष्य के उचित अधिकारों का यदि कोई हनन करे अथवा उसका शोषण करे, तो ऐसी स्थिति में मनुष्य को धर्मयुद्ध करने से भी पीछे नहीं हटना चाहिए—बिरसा को यह सीख महाभारत के अध्ययन के उपरांत मिली। बिरसा ने प्रतिज्ञा कर ली कि वह भी जमींदारों एवं अंग्रेजों के अत्याचारों के विरुद्ध आवाज बुलंद करेंगे।

इस प्रकार वेद, पुराण, रामायण, महाभारत, गीता आदि धर्म-ग्रंथों

तथा उनमें वर्णित शिक्षाओं का बिरसा पर गहरा प्रभाव पड़ा। ये ज्ञानयुक्त बातें व्यवहार से पूर्ण तथा परोपकार से प्रेरित थीं। इसके अंतर्गत न तो किसी दूसरे धर्म को अपमानित किया गया था और न ही धर्म-परिवर्तन के लिए कहा गया था। वस्तुतः यह धर्म पूरी तरह से सहिष्णुता, दया, परोपकार और निस्स्वार्थ भावना पर आधारित था। इसी का परिणाम था कि पूरी तरह संतुष्ट होने के बाद ही उन्होंने हिंदू धर्म स्वीकार कर लिया।

एकांतवास

धार्मिक ग्रंथों में धर्म, अर्थ, काम और मोक्ष के साथ-साथ सत्य को भी सर्वोपरि बताया गया है। उनके अध्ययन के बाद बिरसा का मन सत्य की खोज के लिए उद्यत हो गया। बिरसा ने कहीं पढ़ा था कि सत्य को जानने के लिए आत्मचिंतन और मनन आवश्यक है। जब मनुष्य ध्यान लगाकर आत्मा की गहराइयों में उतरता है, तो सत्य-प्राप्ति का मार्ग सरल हो जाता है। अतः वह एक एकांत स्थान पर जाकर कठोर साधना करने लगे।

उनका एकांतवास चार वर्ष तक चला। इस समयावधि ने बिरसा के मन-मस्तिष्क, आचार-विचार और वेशभूषा को पूरी तरह से बदल दिया। उन्होंने यज्ञोपवीत धारण कर लिया था। उनके शरीर पर पीतांबर तथा पैरों में लकड़ी की खड़ाऊँ सुशोभित थीं। अब बिरसा मुंडा के स्थान पर वह महात्मा बिरसा कहलाने लगे थे।

सन् 1894 में आनंद पांडे स्वर्ग सिधार गए और बिरसा पुनः अकेले पड़ गए। इसी वर्ष बिरसा ने सेंतरा के सुंगी मुंडा तथा गुदरी के बुधा मुंडा की पुत्री से विवाह किया। विवाह के कुछ वर्ष बाद संतान न होने की स्थिति में उन्होंने 'परिवा' नामक बालक को गोद ले लिया।

□

8

बिरसैत पंथ

सर्वप्रथम लोगों के बीच बिरसा मुंडा की पहचान एक वैद्य के रूप में बनी। वह अपने चमत्कारों एवं विभिन्न चिकित्सा उपायों द्वारा लोगों की बीमारियाँ दूर करने लगे; परंतु धीरे-धीरे वह उपदेशक के रूप में प्रसिद्ध होते गए। दूर-दूर से लोग उनके उपदेश सुनने के लिए आते थे। सर्वप्रथम वह घर में ही उपदेश देते थे, लेकिन जैसे-जैसे लोगों की संख्या बढ़ी, वह अपना आसन खुले मैदान में स्थित नीम के पेड़ के नीचे ले गए। उन्होंने बैठने के लिए एक मंच बनाया, जिसके चारों खंभों में पवित्र धागा बाँधा जाता था।

आदिवासी समुदाय के विकास के लिए बिरसा ने एक नया पंथ आरंभ किया। यह पंथ 'बिरसैत पंथ' कहलाया। पुरानी सड़ी-गली मान्यताओं एवं प्रथाओं से मुक्त इस पंथ में हिंदू तथा ईसाई धर्म की अच्छाइयों का समावेश किया गया था।

उन्होंने स्वयं को 'धरती-आबा' अर्थात् 'जगत्-पिता' घोषित किया। लोग उन्हें इसी रूप में मानते थे। अब तक उसकी वेशभूषा भी पूरी तरह से बदल चुकी थी। आदिवासियों की वेशभूषा त्यागकर वह

गले में जनेऊ, हलदी के रंगवाली धोती तथा पैरों में खड़ाऊँ पहनने लगे। वह प्रतिदिन माथे पर चंदन का तिलक लगाते और तुलसी की पूजा करते। उन्होंने मांस एवं मदिरा का त्याग कर दिया था। इतना ही नहीं, उन्होंने आदिवासियों के बीच गो-वध को भी वर्जित कर दिया।

पुरातन ऋषि-मुनियों की भाँति उपदेश देते समय बिरसा नीतियुक्त एवं धार्मिक कथाओं का उल्लेख करते थे। वह लोगों को परिश्रम करने एवं स्नेहपूर्वक मिल-जुलकर रहने का उपदेश देते थे। वह कहा करते थे कि सद्‌गुणों से युक्त मनुष्य उपजाऊ धरती की तरह होते हैं। इसके विपरीत, स्वार्थी, कायर, आलसी मनुष्य चट्टानों तथा कँटीली झाड़ियों से युक्त स्थान की तरह हैं, जिनसे लोग बचकर रहना पसंद करते हैं।

बिरसा ने न केवल आदिवासियों में प्रचलित अंधविश्वासों पर प्रहार किया, बल्कि मिशनरियों द्वारा फैलाए जा रहे ईसाई धर्म का भी प्रतिरोध किया। वह मिशनरियों के साथ वाद-विवाद में भाग लेने लगे। उनके बढ़ते प्रभाव को देखकर ईसाई मिशनरी भयभीत थे और सरकार को निरंतर इससे अवगत कराते रहते थे; लेकिन बिरसा के समर्थकों के समूह में दिन-प्रतिदिन वृद्धि होती गई।

इस प्रकार एक साधारण परिवार में जनमे बिरसा मुंडा अपने उपदेशों और कल्याणकारी कार्यों के चलते शीघ्र ही 'आदिवासियों के भगवान्' बन गए।

बिरसैत पंथ के सिद्धांत

- ईश्वर एक है। केवल वह ही संसार में प्रकाश का स्रोत, सर्वव्यापक, जगत्-रचयिता, पालनकर्ता, विध्वंसकर्ता, कल्याणकारी, समस्त प्राणियों एवं जीवों का सरंक्षक है।
- विभिन्न बोंगाओं अर्थात् देवियों की पूजा करने के स्थान पर केवल सिंगबोंगा अर्थात् ईश्वर की पूजा करनी चाहिए।

- भूत-प्रेतों का अस्तित्व केवल कल्पना पर आधारित है, इसलिए उसे अस्वीकार करो।
- गो माता सभी मनुष्यों के लिए पूजनीय है। उसकी सेवा करो।
- ईश्वर की पूजा चावल आदि से करो। इसके लिए बलि वर्जित है।
- घर में तुलसी का पौधा लगाओ और उसकी पूजा करो।
- यज्ञोपवीत धारण करो।
- घर और उसके आस-पास का स्थान स्वच्छ रखो।
- असत्य भाषण, चोरी, हिंसा आदि से दूर रहो।
- द्वेष-विरोध का त्याग कर परस्पर स्नेह और एकजुट होकर रहो।
- बृहस्पतिवार का दिन ईश्वर-भक्ति और जप-तप में व्यतीत करो।
- अशुद्ध एवं अपवित्र भोजन से बचो, कुसंगति से दूर रहो।
- स्नान करने के बाद ही भोजन ग्रहण करो।
- मांस-मछली का सेवन त्याग दो।
- मदिरा मनुष्य के सर्वनाश का कारण है, इससे दूर रहो।

□

9

स्वधर्म-प्रेरणा

अपने अस्तित्व और अधिकारों के लिए आदिवासी सदियों से संघर्षरत थे। जब-जब जमींदारों के विरुद्ध असंतोष ने चरम सीमा को छुआ, तब-तब आदिवासियों ने एकजुट होकर उनका विरोध किया। ऐतिहासिक तथ्यों के अनुसार आदिवासियों का सर्वप्रथम आंदोलन सन् 1779 से 1829 तक चला। इसे 'कोल विद्रोह' से जाना जाता है। इस आंदोलन में सभी आदिवासी जातियों ने बढ़-चढ़कर भाग लिया। उनकी गुरिल्ला युद्ध पद्धति के समक्ष जमींदार असहाय हो गए और वहाँ से भाग गए।

लेकिन यह सफलता अधिक दिनों तक स्थिर नहीं रही। धीरे-धीरे आदिवासियों में मतभेद उत्पन्न हुए और वे बिखरकर अलग-थलग पड़ गए। इस स्थिति का लाभ उठाकर जमींदार पुनः उनपर अत्याचार करने लगे। सन् 1829 से 1859 तक का समय आदिवासियों के लिए काले अध्याय के समान था। इस दौरान जमींदारों ने उनका भरपूर शोषण किया। इस काम में ब्रिटिश सरकार भी उनके साथ थी। इसके परिणास्वरूप आदिवासियों ने आंदोलन

किया, जो जमीर आंदोलन के नाम से प्रसिद्ध हुआ। यह आंदोलन सन् 1859 से 1881 तक चला। इस आंदोलन की अग्नि में संपूर्ण आदिवासी समाज भस्म होने के लिए तैयार था। न केवल पुरुष, बल्कि महिलाओं ने भी इसमें महत्त्वपूर्ण योगदान दिया। इस आंदोलन में लगभग 30 हजार आदिवासी मारे गए। यह घटना 30 जून, 1855 को घटित हुई थी, जिसे आज भी 'शहीद दिवस' और 'स्वर्ण रेखा दिवस' के रूप में मनाया जाता है।

सन् 1862 में आदिवासियों ने खंड विद्रोह किया। सरकार इन आंदोलनों से परेशान हो चुकी थी। अतः उसने जमींदारों को उनकी जमीनें लौटाने का आदेश पारित कर दिया, लेकिन जमींदार अत्यंत कुटिल और निरकुंश थे। उन्होंने प्रलोभन देकर सरकार को अपनी ओर मिला लिया। इसके फलस्वरूप यह आंदोलन बुरी तरह से कुचल दिया गया। अब वे और अधिक कठोरता से उनपर अत्याचार करने लगे।

आदिवासियों की सामाजिक एवं आर्थिक स्थिति दिन-प्रतिदिन खराब होती जा रही थी। अथक परिश्रम करने के बाद भी उन्हें न तो भरपेट भोजन नसीब होत। और न ही उनकी दशा में सुधार हो रहा था। उनके घरों की इज्जत जमींदारों के पैरों तले कुचली जा रही थी। उनके बच्चे होश सँभालते ही जमींदारों के खेतों में काम करने लग जाते और सारा जीवन इसी प्रकार बिता देते। जमींदार उनकी जमीनें पहले ही अपने अधिकार में कर चुके थे। अतः उनकी गुलामी के अतिरिक्त जीवन यापन का उनके पास कोई साधन नहीं था। उस समय कोई भी ऐसा नहीं था, जो उनके दुःख-दर्द को समझ सकता, उनके कल्याण के लिए कोई ठोस कदम उठाता।

उन्नति की राह

बिरसा बचपन से ही आदिवासियों के नारकीय जीवन को देखते आए थे। वह स्वयं भी आदिवासी परिवार से संबंधित थे, इसलिए उन्होंने उनकी स्थिति का बहुत निकट से अध्ययन किया था। उन्होंने आदिवासी बच्चों को एक-एक दाने के लिए तरसते और उनकी स्त्रियों को इज्जत बचाने के लिए प्राण त्यागते देखा था। उनकी आँखों के सामने ही जमींदारों द्वारा अनेक आदिवासियों को यातनाएँ दे-देकर मारा गया। जिसने भी आवाज उठाई, उसे परिवार सहित मौत के घाट उतार दिया गया। जमींदारों के साथ साँठ-गाँठ होने के कारण सरकार भी उनकी सुरक्षा करने तथा उनके लिए सुविधाएँ जुटाने से कतराती थी। यह समुदाय जितना दबा रहे, उतना ही उनके लिए अच्छा था। उसने ऐसे कानून पारित कर दिए, जिससे जमींदार निरकुंश हो गए और खुलकर उनपर अत्याचार करने लगे। साथ ही मिशनरियों को आर्थिक मदद देकर सरकार इन आदिवासियों का धर्म-परिवर्तन करवा रही थी।

सरकार, ईसाई मिशनरी और जमींदार तीनों की मिलीभगत ने बिरसा को विचलित कर दिया। उनकी असंतोषजनक नीतियों का ही परिणाम था कि बिरसा ने आदिवासी समुदाय की सहायता करने का निश्चय कर लिया। इसकी नींव उन्होंने मिशनरी स्कूल में ही रख दी थी, लेकिन इसे सशक्त ढंग से प्रस्तुत करने के लिए ऐसे अस्त्र की आवश्यकता थी, जो उनके सामने दृढ़ता से टिक सके तथा अंधकार और अज्ञान में भटकते आदिवासियों को ज्ञानयुक्त प्रकाश दे सके। शीघ्र ही हिंदू धर्म के रूप में उन्हें ऐसा अस्त्र मिल गया। इसीलिए सर्वप्रथम उन्होंने आनंद पांडे से हिंदू धर्म की दीक्षा ली, तत्पश्चात् वह आदिवासियों में उसका प्रचार-प्रसार करने लगे।

एकांतवास पूरा करने के बाद बिरसा ने मुंडाओं के सुधार

के लिए जमींदारों एवं मिशनरियों के विरुद्ध मोर्चा खोल दिया। गाँव-गाँव घूमकर वह आदिवासियों को जागरूक करने लगे। उन्होंने उन्हें समझाया कि मिशनरी और जमींदार दोनों ही उनके शत्रु हैं। उनके शोषण के कारण ही आज तक आदिवासियों की स्थिति दयनीय बनी हुई है। वे उनकी उन्नति एवं विकास के प्रबल विरोधी हैं। जमींदार आर्थिक एवं सामाजिक शोषण कर उन्हें नारकीय जीवन की ओर धकेलते हैं, जबकि धर्म-परिवर्तन करके मिशनरी उन्हें पूरी तरह से पंगु बना डालते हैं। आदिवासी अपनी पहचान खो बैठते हैं। ऐसी स्थिति में सरकार से अपेक्षा करना पत्थर पर सिर टकराने जैसा है। इसलिए अपनी स्थिति सुधारने के लिए आदिवासियों को स्वयं प्रयास करने चाहिए।

इस संदर्भ में उन्होंने उदाहरण देते हुए स्पष्ट किया कि पूर्व समय में भी आदिवासियों ने अनेक आंदोलनों द्वारा जमींदारों और सूदखोरों का विरोध कर अपने अधिकार प्राप्त किए हैं। इसलिए हमें एकजुट होकर इन रक्त-पिपासु शोषकों का सामना करना चाहिए।

बिरसा ने जंगल काटकर खेती योग्य भूमि बनाने तथा उसपर फसल उगाने के लिए आदिवासियों को प्रेरित किया। उनके अनुसार, इस भूमि पर केवल आदिवासियों का अधिकार होगा। उनका मानना था कि इससे एक ओर जहाँ आदिवासी समुदाय आत्मनिर्भर बनेगा, वहीं दूसरी ओर उन्हें और उनकी संतानों को जमींदारों की गुलामी से सदा-सदा के लिए छुटकारा मिल जाएगा।

अनैतिकता का विरोध

जिन आदिवासियों ने धर्म-परिवर्तन कर लिया था, बिरसा ने उनसे ईसाई धर्म त्यागने का आह्वान किया। उनका मत था कि जब तक आदिवासी अपनी मानसिकता को नहीं बदलेंगे, तब तक

उनका सुधार होना असंभव है। मानसिकता बदलने के लिए आवश्यक है कि वे बिना किसी प्रलोभन के धर्मों की समीक्षा करें और फिर उनमें से श्रेष्ठ धर्म को स्वीकार करें।

ऐसा नहीं है कि बिरसा ईसाई धर्म को अपवित्र या विधर्म मानते थे। वस्तुतः इसके लिए उनके मन में सम्मान का भाव था। इसी ने बिरसा के जीवन को एक नए साँचे में ढाला था। इसके कारण ही उन्हें शिक्षित होने का गौरव प्राप्त हुआ था, लेकिन पादरियों द्वारा स्वयं के लाभ हेतु इसके अनुचित प्रयोग ने बिरसा को इससे विमुख कर दिया; फिर मिशनरियों की बढ़ती शक्ति को रोकने के लिए यह आवश्यक था कि ईसाई धर्म का बहिष्कार किया जाए। यही कारण था कि बिरसा ने स्वधर्म पर अधिक जोर दिया।

बिरसा की आवाज और शब्दों का जादू लोगों को सम्मोहित कर देता, लोग उनके वशीभूत हो जाते। इसलिए जब बिरसा ने स्वधर्म की बात कही, तो अनेक आदिवासी ईसाई धर्म छोड़कर पुनः अपने धर्म में लौट आए। मुंडाओं ने उन्हें अपना नेता घोषित कर दिया था। उनके नेतृत्व में वे कुछ भी करने को तैयार थे। बिरसा उनके बीच में ऐसे देवदूत के रूप में स्थापित हो गए, जिसने उनके लिए आर्थिक, धार्मिक और सामाजिक सुधारों का सूत्रपात किया।

मिशनरियों के लिए यह घटना उनके मिशन को घातक चोट पहुँचाने वाली थी। जिन्हें ईसाई बनाने के लिए उन्होंने अथक परिश्रम किया था, उन लोगों ने बिरसा की एक पुकार पर ईसाई धर्म से मुँह मोड़ लिया। इससे वे तिलमिला उठे, लेकिन वे आसानी से हार माननेवाले नहीं थे। एक साधारण सा आदिवासी उनके मिशन के सामने चट्टान की तरह अड़कर खड़ा हो जाए, यह उन्हें स्वीकार नहीं था। वे इस दीवार को गिरा देना चाहते थे। अतः उन्होंने एक भयंकर षड्यंत्र रच डाला। वे जमींदारों की सहायता से

अनेक अफवाहें उड़ाने लगे। उनके पिट्‌ठू आदिवासियों के बीच रहकर बिरसा के विरुद्ध जहर उगल रहे थे। उनके माध्यम से वे बिरसा को अधर्मी और लोभी सिद्ध करना चाहते थे।

बिरसा के विरोधियों ने अनेक अफवाहों को जन्म दिया, परंतु लाख प्रयत्न करने के बाद भी वे आदिवासियों के हृदय में बिरसा के प्रति घृणा और अविश्वास के बीज रोपने में असफल रहे। □

10

समाज-सुधार की राह

बिरसा के उपदेशों और चमत्कारों ने आदिवासियों को अपनी ओर आकर्षित किया। उनकी निःस्वार्थ सेवा और परोपकार ने लोगों के हृदय जीत लिये थे। अतः वे उन्हें भगवान् मानने लगे थे। इसके चलते चलकद गाँव धार्मिक स्थल के रूप में विख्यात हो गया। दूर-दूर से लोग उनके दर्शन के लिए आते थे। उनका घर लोगों के लिए मंदिर की तरह पूजनीय हो गया।

बिरसा द्वारा आरंभ किया गया आंदोलन सर्वप्रथम धार्मिक रंग लिये हुए था। उसका प्रमुख उद्देश्य ईसाई मिशनरियों के विरुद्ध लोगों को एकजुट करना और हिंदू धर्म की रक्षा करना था। स्वार्थ, लोभ, हिंसा आदि के लिए इसमें कोई स्थान नहीं था। यही कारण था कि आंदोलन के आरंभ होते ही बिरसा की भगवान् के रूप में पूजा होने लगी।

यह स्थिति लंबे समय तक नहीं रही। मुंडा सरदारों के प्रभाव के कारण शीघ्र ही यह धार्मिक आंदोलन राजनीतिक आंदोलन में परिवर्तित हो गया। इन मुंडा सरदारों में चलकद के सोई मुंडा, कसमार

का जौन मुंडा, नारंग का मार्टिन मुंडा, किलो का मंगा मुंडा तथा वीर सिंह सम्मिलित थे। ये लोग बिरसा मुंडा के चमत्कारों या उपदेशों से प्रभावित होकर वहाँ नहीं आए थे, बल्कि साधारण जनता पर बिरसा के प्रभाव ने उन्हें उनकी ओर आकर्षित किया। उन दिनों ब्रिटिश सरकार की भूमि-संबंधी नीतियों के विरुद्ध मुंडा सरदारों ने आंदोलन छेड़ रखा था, परंतु अनेक प्रयत्न करने के बाद भी वे लोगों को इस आंदोलन से जोड़ने में असफल रहे। आदिवासियों के बीच बिरसा की बढ़ती लोकप्रियता ने उन्हें उनका सदुपयोग करने के लिए प्रेरित किया। उन्हें पूर्ण विश्वास था कि बिरसा मुंडा की सहायता से उनके लचर स्वतंत्रता आंदोलन को सुदृढ़ आधार मिलेगा तथा उसमें नए जोश और उत्साह का संचार हो जाएगा। अत: वे बिरसा के व्यक्तित्व से लाभ उठाना चाहते थे। इसके लिए वे बिरसा के साथियों के बीच अपनी पैठ बनाने लगे।

बिरसा आंदोलन आदिवासियों की उन्नति और अधिकारों को लेकर था, जबकि मुंडा सरदारों का 'सरदार आंदोलन' भूमि से संबंधित था। अलग-अलग उद्‌देश्य होने के बाद भी दोनों आंदोलन एक-दूसरे के पूरक थे। आदिवासियों की सामाजिक एवं आर्थिक बदहाली का प्रमुख कारण भूमिहीनता थी। उन्होंने जंगल काटकर जो भूमि खेती के लिए तैयार की थी, सरकार से मिलकर जमींदारों ने उसे अपने अधिकार में ले लिया था। आदिवासी उस भूमि पर अथक परिश्रम करते, लेकिन उससे प्राप्त होनेवाला लाभ जमींदारों की तिजोरियों में बंद हो जाता। इसलिए जब तक उन्हें उनकी भूमि वापस नहीं मिलती, तब तक उनकी उन्नति असंभव थी। दूसरी ओर मुंडा सरदार भी बिरसा के नेतृत्व में आंदोलन करने को सहमत थे। अत: बिरसा ने उनके साथ कदम-से-कदम मिलाकर चलने का निश्चय कर लिया।

'बिरसा अपने चमत्कारों द्वारा बीमारों को ठीक कर देते हैं,

उनमें मृत व्यक्ति को भी जीवित करने की शक्ति है', यह खबर मुंडा सरदारों द्वारा आदिवासी समुदायों में फैल चुकी थी। इसे फैलाने के पीछे उनका प्रमुख कारण आदिवासियों में बिरसा के प्रति अगाध श्रद्धा उत्पन्न करना था। वे आस-पास के क्षेत्रों में रहनेवाले आदिवासियों को चलकद की यात्रा करने के लिए प्रेरित करने लगे।

आरंभ में इस पर किसी ने ध्यान नहीं दिया, लेकिन जल्दी ही अनेक आदिवासी वहाँ आने लगे। उनकी आड़ में सशस्त्र आदिवासी सैनिक भी रसद के साथ चलकद में एकत्रित होने लगे।

आदिवासी समाज अब तक केवल भुखमरी, निर्धनता और अशिक्षा के गहन अंधकार में डूबा था, लेकिन बिरसा के रूप में अब उन्हें एक ऐसा सशक्त नेता मिल गया था, जो उनके कल्याण एवं उन्नति के लिए स्वयं को पूरी तरह से समर्पित करने के लिए तत्पर था। यही कारण था कि वे उनके नेतृत्व में कुछ भी करने के लिए तैयार थे।

सरदार आंदोलन के साथ जुड़ते ही बिरसा के उपदेशों एवं सभाओं में परिवर्तन आ गया। अब वह पहले से अधिक उग्र हो गए। उनकी वाणी आग उगलने लगी। सभाओं में साधारण आदिवासियों के साथ-साथ मुंडा सरदार और आदिवासी सैनिक भी सम्मिलित होने लगे। सबके हृदयों में जमींदारों के विरुद्ध आक्रोश उबल रहा था।

बिरसा की आचार-संहिता

'मनुष्य समाज का अभिन्न अंग है। अतः समाज का सुधार करने से पूर्व उसके लिए स्वयं को सुधारना आवश्यक है।' महापुरुषों ने समय-समय पर इस कथन का अनुसरण किया है। बिरसा भी इसके महत्त्व को भली-भाँति जानते थे। जब तक आदिवासी सजग नहीं होंगे, तब तक जमींदारों से अधिकारों की लड़ाई लड़ना व्यर्थ था। इसके लिए एक ऐसी आचार संहिता बनानी आवश्यक थी, जिसका

आदिवासी समुदाय कठोरता से पालन करे। बहुत सोच-विचार करने तथा आदिवासियों की कमियों का अध्ययन करने के बाद आखिरकार बिरसा मुंडा ने एक आचार संहिता बनाई। इसके अंतर्गत कुछ नियम निर्धारित किए गए। प्रत्येक आदिवासी के लिए इन नियमों का पालन करना आवश्यक था—

- आदिवासियों की सरलता, ईमानदारी एवं दयनीय स्थिति का लाभ उठाकर जमींदार, महाजन, ब्राह्मण, पुरोहित तथा व्यापारी वर्ग सदियों से उनका शोषण करते आए हैं। इसलिए कोई भी उन पर विश्वास नहीं करेगा।
- जमींदारों की तरह ब्रिटिश सरकार भी आदिवासियों के शोषण में समान रूप से भागीदार है। उनके समर्थन से ही जमींदार आदिवासियों पर अत्याचार करते हैं। इसलिए सरकार की आदिवासी विरोधी नीतियों का बहिष्कार किया जाएगा।
- 30 जून, 1855 का दिन आदिवासियों के लिए गौरवपूर्ण है। यह दिन 'शहीद दिवस' के रूप में प्रतिवर्ष मनाया जाएगा। आदिवासियों के लिए आवश्यक है कि वह प्रत्येक शहीद आदिवासी को अपने जीवन का आदर्श माने।
- युवा आदिवासियों में जोश और उत्साह का संचार किया जाए। इसके लिए आदिवासी तामण एवं कोल विद्रोह में सम्मिलित हुए वीरों की गाथाओं को जन-जन में प्रचारित करें।

आंदोलन की माँगें

आदिवासी जमींदारों के अत्याचारों तथा ब्रिटिश सरकार की नीतियों से छुटकारा पाना चाहते थे। अत: दूर-दराज के अनेक आदिवासी इस आंदोलन से जुड़ गए और फिर देखते-ही-देखते बिरसा आंदोलन ने एक बड़ा रूप धारण कर लिया। वे बिरसा द्वारा लागू की गई आचार संहिता का पालन करने लगे। अब उन माँगों की

सूची तैयार करनी थी, जो आंदोलन का मुख्य आधार थीं।

चूँकि इस आंदोलन का उद्देश्य आदिवासियों की आर्थिक एवं सामाजिक स्थिति को सुधारना था। इसलिए इसके अंतर्गत की जानेवाली माँगों का प्रारूप बुद्धिमत्ता के साथ तैयार करना आवश्यक था। यहाँ भी बिरसा ने अपनी सूझ-बूझ का परिचय दिया और आदिवासियों के पक्ष में अनेक महत्त्वपूर्ण माँगों को उठाया। ये माँगें इस प्रकार थीं—

- प्राचीन समय से जमींदार तथा उच्चवर्गीय समुदाय निर्धन एवं असहाय आदिवासियों को बेगार करने के लिए विवश करते आए हैं। आदिवासियों को पीढ़ी-दर-पीढ़ी उनकी गुलामी करनी पड़ती है, लेकिन अब वे उनकी बेगार नहीं करेंगे।
- जमींदारों के अत्याचारों से पीड़ित आदिवासियों के लिए सरकार कानून बनाए। इसके अंतर्गत आदिवासियों पर अत्याचार करनेवाले जमींदार को दंडित किया जाए।
- जमींदारों सहित उच्चवर्गीय समुदाय को जो अधिकार प्राप्त हैं, आदिवासियों को भी वे प्राप्त हों।
- क्षेत्रीय वन-संपदा, भूमि, खेती, पहाड़ एवं खनिज संपदा पर जमींदारों तथा उच्चवर्गीय समुदाय का प्रभुत्व समाप्त कर दिया जाए तथा आदिवासियों का उनपर समान अधिकार हो।
- आदिवासियों के आर्थिक शोषण पर रोक लगाई जाए। उन्हें उनके परिश्रम के अनुसार पारिश्रमिक देने की व्यवस्था की जाए।
- भूमि को लगान मुक्त घोषित करके जमींदारों को लगान देना बंद किया जाए।
- भूमि को मालगुजारी से मुक्त किया जाए।
- आदिवासी महिलाओं के सम्मान और सुरक्षा हेतु सरकार ऐसा कानून बनाए, जिससे जमींदारों तथा उच्चवर्गीय समुदाय द्वारा

उनका शारीरिक शोषण बंद हो। यदि कोई व्यक्ति इस कानून का उल्लंघन करे तो उसे कठोर दंड देने का प्रावधान हो।

- आदिवासियों के बच्चों को शिक्षा ग्रहण करने का अधिकार हो। उनकी शिक्षा के लिए उचित व्यवस्था की जाए।
- समाज में आदिवासियों को उच्च वर्ग के समान अधिकार प्राप्त हों। उन्हें मंदिर आदि धार्मिक स्थलों पर जाने की स्वतंत्रता हो।
- आदिवासियों के साथ अछूत या नीच जैसा व्यवहार प्रतिबंधित हो। ऐसा कानून बनाया जाए, जिससे मल-मूत्र आदि उठाने जैसे घृणित कार्य के लिए उन्हें विवश न किया जाए।
- आदिवासियों को धार्मिक स्वतंत्रता का अधिकार प्राप्त हो। ईसाई मिशनरियों पर प्रतिबंध लगाया जाए, जिससे आदिवासियों के धर्म-परिवर्तन पर रोक लगे।

ये सभी माँगें तत्कालीन आदिवासी समुदाय की आर्थिक एवं सामाजिक दशा को स्पष्ट करती हैं। इससे जमींदारों और उच्च वर्ग द्वारा किए जानेवाले शोषण एवं अत्याचारों का अंदाजा सहज ही लगाया जा सकता है। उपर्युक्त माँगों द्वारा बिरसा ने जो समाज-सुधार की नींव रखी थी, वह इतनी गहरी थी कि स्वंतत्रता के बाद भारतीय संविधान में निम्न वर्ग के कल्याण के लिए विशेष कानून बनाए गए।

□

11

बंदी बिरसा

बिरसा का प्रभाव निरंतर बढ़ता जा रहा था। पहले चलकद में और फिर आस-पास के क्षेत्रों में बिरसा का डंका बजने लगा। चारों ओर विद्रोह की आँधी जोर पकड़ने लगी थी। आदिवासियों में बढ़ते असंतोष से जमींदार अनभिज्ञ नहीं थे। वे समझ चुके थे कि यदि समय रहते उचित काररवाई नहीं की गई, तो स्थिति हाथ से निकल जाएगी। अतः उन्होंने ब्रिटिश अधिकारियों के साथ साँठ-गाँठ करके सरकार को एक रिपोर्ट भेजी। इस रिपोर्ट में बिरसा के कार्यकलापों एवं उपदेशों को संदेहास्पद बताया गया था।

तमाड़ क्षेत्र की रिपोर्ट में कहा था कि 'बिरसा नामक एक मुंडा, जो स्वयं को भगवान् कहता है, उसके अनुसार भगवान् ने उसे आदिवासियों के कल्याण के लिए भेजा है। बाजीगरी के अनेक करतब दिखाकर वह लोगों को अपनी ओर आकर्षित करता है और उन्हें अपना अनुयायी बना रहा है। प्रतिदिन हजारों लोग उसके दर्शनों के लिए आते हैं। वे उसे पशुओं, वस्त्रों आदि की भेंट भी देते हैं। उसने आदिवासियों को खेती करने से मना कर दिया है।'

इसी प्रकार की एक रिपोर्ट सिंहभूम क्षेत्र से भी भेजी गई। इसमें कहा गया था कि 'चलकद का बिरसा नामक एक मुंडा आदिवासियों को ईसाई धर्म छोड़कर हिंदू बनने के लिए प्रेरित कर रहा है। इसके लिए उसने मांसाहार को प्रतिबंधित कर दिया है। वह लोगों को उकसाते हुए कहता है कि अंग्रेजों के अधीन जंगलों को वह शीघ्र अपने अधिकार में ले लेगा। जो लोग कड़ाई से अपने धर्म का पालन करेंगे, केवल उन्हें ही उन जंगलों में रहने की अनुमति मिलेगी।'

इस प्रकार एक गहरे षड्यंत्र की पृष्ठभूमि तैयार होने लगी।

बिरसा-आंदोलन

बिरसा आदिवासियों के भूमि-संबंधी आंदोलन का नेतृत्व कर रहे थे। खेती-बाड़ी छोड़कर आदिवासी बिरसा के निकट ही रहने लगे। इससे उस क्षेत्र में उपद्रव बढ़ने की आशंका हो गई। अत: सरकार ने बिरसा के विरुद्ध कठोर कदम उठाने का निश्चय कर लिया। इसके पीछे धार्मिक अथवा सामाजिक कारण नहीं था, बल्कि वह भूमि-संबंधी कारणों से बिरसा आंदोलन का दमन करना चाहती थी।

जमींदारों की चाल कामयाब हो गई। सरकार ने बिरसा को बंदी बनाने का आदेश दे दिया। डिप्टी कमिश्नर ने उसे बंदी बनाने के लिए सैनिकों की एक टुकड़ी चलकद भेजी।

इधर बिरसा को भी इस आदेश की भनक लग चुकी थी। उन्होंने शीघ्र एक सभा आयोजित की, जिसमें मुंडा सरदारों एवं अपने अनुयायियों को संबोधित करते हुए उन्होंने एक जोशपूर्ण भाषण दिया-"भाइयो! आदिवासी सदियों से जुल्म सहते आए हैं। कभी जमींदारों ने उनका शोषण किया तो कभी सरकारी अधिकारियों ने उनके मुँह का निवाला छीना। इन जंगलों पर आदिवासियों का अधिकार है। हमारे पूर्वजों ने इन जंगलों को साफ करके खेती योग्य

भूमि तैयार की, लेकिन जमींदारों ने बलपूर्वक इसे अपने अधीन करके हमें गुलामों का जीवन जीने के लिए विवश कर दिया। हमारी न तो कोई पहचान है और न ही कोई अधिकार प्राप्त है। अथक परिश्रम करने के बाद भी हमारे बच्चे भूख से बिलखते हैं, हमारी स्त्रियों पर उच्च वर्ग के लोग बुरी नजर रखते हैं। हमने इन अत्याचारों को बहुत सह लिया, लेकिन अब ईंट का जवाब पत्थर से देने का समय आ गया है। हमें मिल-जुलकर जमींदारों और ब्रिटिश सरकार का सामना करना है।"

इस भाषण ने आदिवासियों में जोश एवं उत्साह का संचार कर दिया। अपने-अपने अस्त्र उठाकर वे तीव्र स्वर में बिरसा की जय-जयकार करने लगे।

सफेद पगड़ी, शरीर का ऊपरी भाग वस्त्रहीन, घुटनों तक धोती तथा हाथ में तलवार, इस रूप में बिरसा साक्षात् काल नजर आ रहे थे। उनके पीछे-पीछे आदिवासियों का विशाल जनसमूह था, जिनके हाथों में शस्त्र चमक रहे थे। उन्हें देखकर ऐसा प्रतीत होता था, मानो काल की सेना दिग्विजय के लिए निकली हो! उनके चलने से उड़नेवाली धूल भयंकर आँधी का आभास दे रही थी।

सैनिक टुकड़ी की पराजय

चलकद में प्रवेश करते ही ब्रिटिश सेना का सामना मुंडा सरदारों और उनकी सेना से हुआ। सैनिकों की अगुवाई कर रहे प्रधान सिपाही ने उन्हें चेतावनी देते हुए मार्ग छोड़ने के लिए कहा, परंतु मुंडा आदिवासी सिर पर कफन बाँधकर आए थे। उन्होंने निश्चय कर लिया था कि वे ब्रिटिश सेना को किसी भी तरह से बिरसा मुंडा तक नहीं पहुँचने देंगे। प्रधान सिपाही समझ चुका था कि बिना युद्ध किए बिरसा मुंडा को बंदी बनाना असंभव है। अतः उसने मुंडा सरदारों पर आक्रमण कर दिया।

देखते-ही-देखते दोनों ओर के सैनिक परस्पर भिड़ गए। सरकार की दमनकारी नीतियों तथा जमींदारों के अत्याचारों ने मुंडा आदिवासियों का आत्मसम्मान छिन्न-भिन्न कर दिया था। वे चुपचाप उनके सभी अत्याचारों को सहते आ रहे थे, परंतु आज उनका क्रोध फूट पड़ा। वे प्रतिशोध लेने के लिए उद्यत थे। उनके धनुषों से निकले बाण शत्रुओं का सीना भेदने लगे। उठी हुई तलवारें शत्रुओं के मस्तक लेकर नीचे गिरने लगीं।

जमींदार और सरकारी अधिकारी आदिवासियों को कमजोर, असहाय और कायर समझते थे, परंतु आज रणभूमि में उन्होंने दुश्मनों के दाँत खट्टे कर दिए थे। प्रधान सिपाही को उनसे ऐसे पराक्रम की उम्मीद नहीं थी। वह सोच रहा था कि सैनिकों की एक छोटी सी टुकड़ी की सहायता से वह आदिवासियों को डरा-धमकाकर बिरसा मुंडा को बंदी बना लेगा, किंतु पासा पलट गया। उन्हें अपनी जान के लाले पड़ गए। विशाल आदिवासी जनसमूह के सामने ब्रिटिश सेना अधिक देर तक नहीं टिक सकी और कुछ ही देर में दुम दबाकर भाग गई।

यद्यपि सेना को भगाने में आदिवासी सफल हो गए थे, लेकिन अभी तक उनका क्रोध शांत नहीं हुआ था। अतः वे निकट की सरकारी इमारतों और कार्यालयों को आग लगाने लगे। उनके सामने जो भी सरकारी अधिकारी आता, उसे बुरी तरह से पीटा जाता। उस क्षेत्र के जमींदार भी इधर-उधर भागकर छिप गए थे।

आंदोलन का उग्र रूप देखकर बिरसा ने उन्हें समझा-बुझाकर शांत किया।

सरकार की कूटनीति

सैनिक टुकड़ी की पराजय ने ब्रिटिश सरकार को विचलित कर दिया। उन्होंने आदिवासियों की शक्ति को बहुत कम करके आँका

था, किंतु अब रणनीति बदलने की आवश्यकता थी। शीघ्र ही जिला पदाधिकारियों की एक बैठक बुलाई गई। इसमें नई योजना पर विचार किया जाना था, जिससे बिरसा को बंदी बनाया जा सके। इस बैठक की अध्यक्षता डिप्टी सुपरिंटेंडेट जी.आर.के. मेयर्स कर रहे थे।

बिरसा के विरुद्ध सरकारी संपत्ति को नुकसान पहुँचाने, सरकारी अधिकारियों के कार्य में बाधा डालने, पुलिस पर हमला करने तथा सार्वजनिक स्थल पर अशांति फैलाने से संबद्ध आपराधिक मामले दर्ज किए गए। धारा 353 तथा धारा 505 के अंतर्गत मेयर्स ने बिरसा और उनके नौ अनुयायियों को बंदी बनाने का वारंट जारी कर दिया।

बिरसा के प्रभाव और उसके पीछे खड़ी जनशक्ति से मेयर्स अनभिज्ञ नहीं थे। वे जानते थे कि आदिवासियों के बीच बिरसा को बंदी बनाना असंभव है। अत: उन्होंने पुलिस के अधिकारियों को भीड़ से न टकराने तथा गुपचुप तरीके से कार्य करने का निर्देश दिया। साथ ही उन्होंने कहा कि जब तक आवश्यकता न हो, तब तक बंदूक आदि शस्त्रों का प्रयोग न किया जाए।

वे बिरसा को गुपचुप तरीके से बंदी बनाना चाहते थे, जिससे अशांति न फैले। परंतु इससे पूर्व वहाँ की वास्तविक स्थिति तथा बिरसा के साथ रहनेवाले लोगों की संख्या का सही-सही आकलन आवश्यक था। चलकद का निकटतम क्षेत्र खूँटी था। वहाँ से उपर्युक्त जानकारी आसानी से प्राप्त की जा सकती थी। अत: दूसरे दिन खूँटी के थानेदार को इस अभियान के बारे में सूचित किया गया। थानेदार ने अपने क्षेत्र के कुछ विश्वसनीय लोगों को चलकद भेजा। वे पर्याप्त सूचना एकत्रित कर शीघ्र ही खूँटी लौट आए।

उन दिनों बिरसा के अधिकतर साथी हथियारों को इकट्ठा करने तथा दूर-दराज के आदिवासियों को आंदोलन से जोड़ने के उद्देश्य से चलकद से बाहर गए हुए थे। इसलिए उस समय गाँव में बिरसा के अतिरिक्त कुछ ही आदिवासी शेष थे। खूँटी के थानेदार

ने यह सूचना बंदगाँव में मेयर्स तक पहुँचा दी। अवसर उपयुक्त था, अत: उन्होंने उसी रात बिरसा को बंदी बनाने की योजना बना डाली।

बिरसा की गिरफ्तारी

योजना के अंतर्गत बंदगाँव से सैनिकों की एक टुकड़ी चलकद की ओर चल पड़ी। इस टुकड़ी का नेतृत्व मेयर्स और लस्टी नामक पुलिस अधिकारी कर रहे थे। उन्होंने बंदगाँव के जमींदार बाबू जगमोहन सिंह और कुछ सशस्त्र पुलिसवालों को भी साथ ले लिया था। 15-16 मील का उबड़-खाबड़ रास्ता पार करके अंतत: वे चलकद पहुँच गए।

इधर बिरसा को भी अपने जासूसों द्वारा अंग्रेज सिपाहियों के बंदगाँव से चलने की सूचना मिल चुकी थी, लेकिन उन्होंने स्वप्न में भी नहीं सोचा था कि वे उन्हें रात को ही बंदी बना लेंगे। वह निश्िंचत होकर सोए हुए थे। सैनिकों ने उस घर को घेर लिया। यद्यपि उन्होंने प्रतिरोध किया, लेकिन बंदूकों से लैस ब्रिटिश सैनिकों के सामने उनकी एक न चली। कुछ ही देर में बिरसा को बंदी बना लिया गया।

जब उन्हें हथकड़ी पहनाई जा रही थी, तब वह मुंडारी भाषा में जोर-जोर से चिल्लाने लगे। मेयर्स ने सोचा कि वह भयभीत होकर चिल्ला रहे हैं। इसलिए उनकी चीख-पुकार पर कोई विशेष ध्यान नहीं दिया, लेकिन वास्तव में वह मुंडारी भाषा द्वारा अपने साथियों को सचेत करते हुए सहायता के लिए पुकार रहे थे। जैसे ही सैनिक बिरसा को बंदी बनाकर घर से बाहर निकले, उनके साथियों ने उन पर हमला कर दिया, परंतु बंदूकों से लैस सिपाहियों के सामने उनकी एक न चली और उन्हें पराजित होकर पीछे हटना पड़ा।

बिरसा को अब अधिक देर तक चलकद में रखना सुरक्षित नहीं था। उनके साथी कभी भी लौटकर उनके लिए मुश्किलें पैदा

कर सकते थे। अतः मेयर्स उन्हें उसी दिन बंदगाँव ले आया।

राँची की जेल में

यह घटनाक्रम इतनी तेजी से घटित हुआ था कि किसी को कुछ समझने का अवसर तक नहीं मिला, लेकिन जब बिरसा को बंदी बनाए जाने का समाचार आदिवासी क्षेत्रों में फैला, तो वे सब बंदगाँव में एकत्रित होने लगे। उन्होंने मेयर्स और उसकी सेना को चारों ओर से घेर लिया। स्थिति निरंतर विकट होती जा रही थी। अतः हालात पर नियंत्रण रखने के लिए सेना की एक टुकड़ी और बुला ली गई।

आदिवासियों का सामना करने के लिए उनके पास पर्याप्त सेना एवं रसद-सामग्री थी। यही कारण था कि आदिवासी अभी तक उनपर हमला करने का साहस नहीं कर पा रहे थे। परिस्थितियाँ मेयर्स के पक्ष में थीं। समय उपयुक्त जानकर उसने बिरसा को राँची ले जाने का निश्चय कर लिया।

अगले दिन बिरसा को एक डोली में बिठाकर गुपचुप तरीके से बंदगाँव से बाहर ले जाया गया। इसके बारे में आदिवासियों को भनक तक नहीं लगी। वे यही सोचते रहे कि बिरसा बंदगाँव में ही हैं।

दो दिन के निरंतर सफर के बाद वे राँची पहुँचे। वहाँ पहुँचते ही बिना विलंब किए बिरसा को डिप्टी कमिश्नर के सामने पेश किया गया।

बिरसा मुंडा आदिवासियों के ऐसे विशाल जनसमूह का प्रतिनिधित्व कर रहे थे, जो उनके संकेत मात्र पर मरने-मारने को तैयार थे। ऐसी स्थिति में बिना ठोस सबूतों एवं गवाहों के उनपर मुकदमा चलाना असंभव था। कुछ वर्ष पूर्व हुई सन् 1857 की उस सशस्त्र क्रांति को वे अभी तक नहीं भूले थे, जिसने अंग्रेजों को नाकों चने चबाने के लिए विवश कर दिया था। उस समय अंग्रेज सेना ने बड़ी कठिनाई

से उस विद्रोह का दमन किया था, परंतु उसके दूरगामी परिणाम हुए, जिससे वे अभी तक उबर नहीं पाए थे। इसलिए वे नहीं चाहते थे कि बिरसा को दंडित करके वही परिस्थितियाँ पुनः पैदा की जाएँ। अतः निर्णय लिया गया कि जब तक ठोस सबूत एकत्रित न हो जाएँ, तब तक बिरसा को कारावास में रखा जाए। साथ ही बिरसा के विरुद्ध सबूत एवं गवाह एकत्रित करने का कार्य मेयर्स को सौंप दिया गया।

जब बिरसा को कारावास में ले जाया जा रहा था, उस समय भीषण आँधी के साथ मूसलधार बारिश होने लगी। चारों ओर प्रलय का सा दृश्य उपस्थित हो गया। जैसे ही बिरसा ने कारावास में कदम रखा, वैसे ही मिट्टी की एक मोटी दीवार भरभराकर गिर गई।

अचानक घटित हुई इस विचित्र घटना ने लोगों के दिलों में बिरसा के लिए अगाध श्रद्धा और भक्ति उत्पन्न कर दी। उन्हें विश्वास हो गया कि ब्रिटिश सरकार बिरसा को अधिक दिनों तक बंदी बनाकर नहीं रख सकती। यदि वह ऐसा करेगी, तो भगवान् कहर बरसाकर उसका सर्वनाश कर देंगे।

□

12

जेल में दो साल

बिरसा के बंदी बनाए जाने के बाद आदिवासियों में उत्तेजना और क्रोध की लहर दौड़ गई। बिरसा की अनुपस्थिति में भी सुदूर क्षेत्रों से आदिवासी उनके घर में पूजा करने आते थे। लोगों के हृदयों में बिरसा के प्रति अगाध श्रद्धा देखकर ब्रिटिश सरकार भयभीत थी। उन्हें पता था कि अवसर देखकर आदिवासी प्रतिशोध स्वरूप काररवाई अवश्य करेंगे। इस स्थिति से बचने के लिए उनका मनोबल तोड़ना आवश्यक था। अतः जमींदार बाबू जगमोहन सिंह की सहायता से वे आदिवासियों का दमन करने लगे। उन्होंने मुंडा सरदारों सहित हजारों आदिवासियों को पकड़कर जेल में डाल दिया।

सरकार की दमनकारी नीतियों के चलते कुछ ही दिनों बाद स्थिति सामान्य हो गई। जब इसकी सूचना तत्कालीन लेफ्टिनेंट गवर्नर को दी गई, तो उन्होंने अपने उद्‌गार व्यक्त करते हुए कहा, ''जब तक बिरसा मुंडा कारावास में है, तब तक यह न समझें कि सबकुछ शांत है। वास्तव में बिरसा को बंदी बनाकर सरकार

बारूद के ऐसे ढेर पर बैठ गई है, जिसे विद्रोह की एक चिनगारी पल भर में जलाकर भस्म कर देगी।''

मेयर्स रिपोर्ट

इसी बीच बिरसा के बारे में जाँच-पड़ताल करने के लिए मेयर्स बंदगाँव पहुँचे। वहाँ वे दो दिन तक ठहरे और आवश्यक सूचनाएँ एकत्रित करने लगे। इन दो दिनों के दौरान केवल दो व्यक्तियों ने ही बिरसा और उसके अनुयायियों पर आरोप लगाए। ये दो लोग थे, तमाड़ का प्रधान सिपाही और कोचांग का बूड़ा मुंडा। इन दोनों की गवाही के आधार पर बिरसा पर मुकदमा चलाया गया।

जाँच-पड़ताल के बाद मेयर्स ने अपनी रिपोर्ट में निम्नलिखित तीन प्रमुख बातों का उल्लेख किया–

- बिरसा आंदोलन का संबंध केवल धर्म-संबंधी क्रियाकलापों तक सीमित नहीं था। इसमें मुंडा सरदारों का आंदोलन भी सम्मिलित था। वे मिशनरियों के विरोध की आड़ में ब्रिटिश सरकार के विरुद्ध विद्रोह का वातावरण तैयार कर रहे थे।
- प्रधान सिपाही के साथ घटित घटना में अनेक आदिवासियों ने बिरसा को सहयोग दिया था। इसलिए वे सभी उसके साथ समान रूप से अपराधी हैं।
- आदिवासी बिरसा को अपना भगवान् मानते हैं। उनकी अनुपस्थिति में उनके लिए आंदोलन को चलाए रखना असंभव है, किंतु यदि बिरसा पुनः चलकद लौट आए तो वे एकजुट होकर नए सिरे से आंदोलन आरंभ करेंगे और फिर यह आंदोलन मिशनरियों के साथ-साथ सरकार के लिए भी खतरनाक हो जाएगा।

जाँच पूरी होने के बाद मेयर्स ने अपनी रिपोर्ट राँची के कमिश्नर को सौंप दी। रिपोर्ट के साथ एक लिखित नोट भी भेजा गया, जिसमें बिरसा को बंदी बनाए रखने पर जोर दिया गया था।

इसमें स्पष्ट शब्दों में कहा गया था कि बिरसा की रिहाई सन् 1857 की क्रांति जैसी परिस्थितियाँ पुनः पैदा कर देगी।

फूट डालो, राज करो

रिपोर्ट मिलने के बाद कमिश्नर ने कुछ और जानकारी प्राप्त करने के उद्देश्य से बिरसा से भेंट की, लेकिन बिरसा इस बात पर अड़े रहे कि उनका आंदोलन केवल धर्म-संबंधी विषयों पर आधारित था। वह आदिवासियों के बीच धर्म का उपदेश देते थे, न कि उन्हें सरकार के विरुद्ध उकसाते थे। यद्यपि कमिश्नर कुछ और नहीं जान सका, लेकिन उसे विश्वास था कि भूमि-संबंधी आंदोलन और इसे लेकर आदिवासियों में पनपे विद्रोह में बिरसा का भी विशेष योगदान था।

बिरसा पर राँची की अदालत में मुकदमा चल रहा था, लेकिन शीघ्र ही इसे राँची से खूँटी स्थानांतरित कर दिया गया। इसके पीछे अंग्रेजों की 'फूट डालो और राज करो' की नीति काम कर रही थी। खूँटी मुंडा आदिवासियों का मुख्य केंद्र था, इसलिए सरकार चाहती थी कि वे इस मुकदमे को देखें, जिससे उनके मन में उसके लिए श्रद्धा एवं भक्ति समाप्त हो जाए।

बिरसा के आगमन का समाचार सुनकर आदिवासियों का विशाल जनसमूह खूँटी में उमड़ आया। वे एक बार अपने भगवान् के दर्शन कर लेना चाहते थे। उन्होंने अदालत को चारों ओर से घेर लिया, जहाँ बिरसा पर मुकदमा चल रहा था। भीड़ का भयंकर कोलाहल बिरसा के कानों में भी पड़ रहा था। वह प्रसन्न थे कि लोग सत्य-मार्ग पर उनके साथ खड़े हैं। उन्हें स्वयं के बंदी बनाए जाने का कोई दुःख नहीं था। वह जानते थे कि इससे लोगों के हृदयों में जलती क्रांति की मशाल को बुझाया नहीं जा सकता, अपितु यह उसे और अधिक भड़का देगी।

अवसर उपयुक्त था। अतः भीड़ को संबोधित करते हुए कर्नल गोर्डन ने अपना पैंतरा बदला–''तुम जिसे भगवान् मानते हो, वह तुम जैसा एक साधारण इनसान है। उसके चमत्कार और शक्ति के बड़े-बड़े दावे आधारहीन हैं। नए धर्म का उपदेश देकर वह सिर्फ तुम्हें ठग रहा है। अगर वह भगवान् होता तो इस तरह पकड़ा न जाता। जो भगवान् अपनी रक्षा नहीं कर सकता, वह भला तुम्हारी रक्षा कैसे करेगा? थोड़ी देर में ही उसे हथकड़ियों में जकड़कर थाने में ले जाया जाएगा। तब अपने भगवान् की विवशता और बलहीनता को तुम अपनी आँखों से देखना।''

जगमोहन की कुटिलता

भाषण देने के बाद कर्नल गोर्डन यह सोचकर मन-ही-मन प्रसन्न हो रहा था कि उसने आदिवासियों के मन में बिरसा के प्रति घृणा और अविश्वास के बीज बो दिए हैं, लेकिन उसका प्रयास पूरी तरह से विफल हो गया था। बिरसा के बारे में गोर्डन के विचार सुनकर आदिवासी भड़क उठे और नारे लगाते हुए बिरसा के दर्शन कराने की माँग करने लगे।

इसी बीच गोर्डन को और अधिक अनुयायियों के आने का समाचार मिला। स्थिति कभी भी हाथ से निकल सकती थी। यदि आदिवासी विद्रोह पर उतर आते तो उनका सामना करने में अंग्रेज असमर्थ थे। अतः मुकदमे की काररवाई रोक दी गई। बाहर भीड़ का स्वर तीव्र होता जा रहा था। वे बार-बार बिरसा के दर्शन कराने की माँग कर रहे थे। भयभीत गोर्डन ने थानेदार को शांति बनाए रखने का आदेश दिया, लेकिन यह कार्य इतना सरल नहीं था।

उग्र भीड़ का नेतृत्व एक मुंडा सरदार कर रहा था, जो बिरसा का निकटतम साथी था। वह चीखते हुए बोला, ''भगवान् बिरसा को तुमने क्यों बंदी बनाया है? तुम भले ही हमें मार डालो, लेकिन उनके

दर्शन किए बिना हम यहाँ से पीछे नहीं हटेंगे। उन्हें जल्दी से हमारे सामने लाओ।''

मुकदमे की कारखाई देखने बाबू जगमोहन सिंह भी अपने कुछ साथियों के साथ वहाँ आया था। वह बिरसा का पुराना शत्रु था और हमेशा उनके अहित की सोचता था। उसे भय था कि कहीं उनके दबाव में आकर डिप्टी कमिश्नर बिरसा को रिहा न कर दें! वह किसी भी कीमत पर बिरसा को बरी होते नहीं देखना चाहता था। अत: कुछ देर सोचने के बाद उसने एक चाल चली।

वह कर्नल गोर्डन के पास गया और नम्र स्वर में बोला, ''सर, भीड़ में बिरसा के कुछ अनुयायी हैं, जो बिरसा को छुड़वाने के लिए भीड़ को उकसा रहे हैं। उनका कहना है कि यदि बिरसा को नहीं छोड़ा गया तो वे आज ही रात आपको मार डालेंगे, लेकिन इस समय बिरसा को छोड़ना उचित नहीं है। इससे यही संदेश जाएगा कि ब्रिटिश सरकार ने आदिवासियों के सामने घुटने टेक दिए। इसलिए उचित यही है कि बाहर खड़े बिरसा के अनुयायियों को भी बंदी बना लिया जाए। इससे भीड़ अपने आप शांत हो जाएगी।''

जगमोहन ने यह बात इस प्रकार से कही थी कि कर्नल गोर्डन उसके जाल में फँस गया। उसने जगमोहन की निशानदेही पर कुछ आदिवासियों को बंदी बना लिया। उन सबको जेल भेज दिया गया।

बंदियों की रिहाई

इस घटना के संदर्भ में कमिश्नर ने मुंडा क्षेत्रों से आए 82 गवाहों से पूछताछ की। पूछताछ के बाद स्पष्ट हो गया कि जगमोहन ने डिप्टी कमिश्नर कर्नल गोर्डन को अपनी बातों के जाल में फँसाकर उसे गलत जानकारी दी थी। अदालत के बाहर खड़े लोग विद्रोह करने के उद्देश्य से नहीं, बल्कि बिरसा के दर्शन करने आए थे।

अदालत पर हमला करने का उनका कोई इरादा नहीं था।

अंततः अदालत के बाहर बंदी बनाए गए आदिवासियों को बिना मुकदमा चलाए रिहा कर दिया गया। इस विषय में अपना निर्णय सुनाते हुए डिप्टी कलेक्टर ने स्वीकार किया कि बंदियों पर लगाया गया अभियोग निराधार है। वे पूरी तरह से निर्दोष हैं।

इसके बाद डिप्टी कमिश्नर कर्नल गोर्डन को भी स्थानांतरित करके अन्यत्र भेज दिया गया।

आरोप और सिफारिशें

बिरसा को खूँटी ले जाने के पीछे अंग्रेजों का एकमात्र उद्‌देश्य आदिवासियों पर उसके प्रभाव को समाप्त करना था, लेकिन उनका दाँव उलटा पड़ गया। इससे बिरसा की लोकप्रियता में और बढ़ोतरी हो गई। अब वे इस मुकदमे को जल्द-से-जल्द निपटा देना चाहते थे। अतः मुकदमे की काररवाई में पुनः तेजी आई।

काररवाई पूरी होने के बाद डिप्टी कमिश्नर ने अपनी रिपोर्ट प्रस्तुत की। इसमें बिरसा पर लगाए गए आरोपों का उल्लेख किया गया था। ये आरोप निम्नलिखित थे–

- बिरसा और भूमि-संबंधी आंदोलनकारियों के बीच गहरा संबंध है। ये मिल-जुलकर सरकारी नीतियों का विरोध कर रहे हैं।
- बिरसा चमत्कार और देवत्व का जाल फैलाकर आदिवासियों को बहका रहा है। वह उग्र भाषणों द्वारा उनके मन-मस्तिष्क में सरकार के विरुद्ध विष भर रहा है।
- बिरसा आंदोलन द्वारा सरकार के विरुद्ध घृणा, असहयोग और निष्ठाहीनता का प्रचार किया गया है।
- बिरसा एवं उसके अनुयायियों द्वारा किया गया प्रचार राजद्रोह की भावना से भरा हुआ है। इसके द्वारा लोगों को सरकार के विरुद्ध कार्य करने के लिए प्रेरित किया गया है।

- बिरसा आंदोलन धर्म की आड़ में रचा गया एक ऐसा गहरा षड्यंत्र है, जिससे आदिवासी बहुल क्षेत्रों में अशांति और दंगों का वातावरण तैयार हो सके।
- पुलिसकर्मियों तथा सरकारी अधिकारियों पर आक्रमण करके बिरसा सरकारी कार्यों को पूरा करने से रोक रहा था।
- बिरसा लोगों को लगान एवं मालगुजारी न देने के लिए प्रेरित कर रहा है।

इसके अतिरिक्त बिरसा के पंद्रह अनुयायियों पर आरोप लगाया गया कि वे बिरसा के अनीतिपूर्ण कार्यों का समर्थन करते हुए उनका अनुसरण रहे हैं। वे उनके लिए समाज में घृणा, अशांति और असहयोग का वातावरण तैयार कर रहे हैं।

इसके साथ-साथ कमिश्नर ने कुछ सिफारिशें भी की थीं, जिसमें स्पष्ट रूप से कहा गया था कि आदिवासी समाज में झूठे पैगंबरों के प्रभाव को समाप्त करने तथा राजद्रोह करनेवाले क्रांतिकारियों एवं उनके अनुयायियों को सबक सिखाने के लिए इन्हें कठोर-से-कठोर दंड दिया जाए, जिससे भविष्य में कोई भी इनका अनुसरण न करे।

बिरसा को सजा

इस मुकदमे में लगभग 20 सरकारी गवाहों से पूछताछ की गई थी, जिससे आरोप शत-प्रतिशत सही सिद्ध हुए। बिरसा जानते थे कि वे गवाह सरकार के पिट्ठू हैं, जिन्हें केवल उनके विरुद्ध गवाही देने के लिए तैयार किया गया है। अनेक प्रयत्न करके भी वह अपना पक्ष स्पष्ट नहीं कर सकते थे। यदि वह ऐसा कर दें, तो भी सरकार उनके पक्ष को अनदेखा कर देगी। इसलिए उन्होंने न तो अपने बचाव में कुछ कहा और न ही गवाहों के साथ बहस की।

अंतत: धारा 505 के अंतर्गत बिरसा और अन्य अनुयायियों को दोषी ठहराया गया। मुख्य अपराध के लिए उन्हें दो-दो वर्ष का कठोर

कारावास तथा दंगा करने के आरोप में अल्पकालिक सजाएँ दी गईं। बिरसा पर 50 रुपए जुर्माना लगाया गया। जुर्माना न भरने की स्थिति में छह महीने के सश्रम कारावास की सजा दी गई। इसी तरह उनके साथियों पर 20 रुपए जुर्माना और जुर्माना न भरने की स्थिति में तीन महीने का कारावास दिया गया।

अदालत के इस इकतरफा निर्णय के विरुद्ध उच्च न्यायालय में अपील की गई। इसके फलस्वरूप थोड़ा परिवर्तन करके उसकी सजा ढाई वर्ष से घटाकर दो वर्ष कर कर दी गई। बिरसा को राँची में स्थित हजारीबाग जेल भेज दिया गया।

बिरसा आंदोलन का दमन

मुकदमे में विजय प्राप्त करके सरकार का उत्साह सातवें आसमान पर पहुँच गया। इसे वह अपनी सबसे बड़ी सफलता मान रही थी। उसने एक छोटी सी चिनगारी को बढ़ने से पहले ही दबा दिया था, लेकिन ऐसा मानना ब्रिटिश सरकार की सबसे बड़ी भूल थी। भविष्य के गर्भ में क्या छिपा हुआ है, यदि वह यह जान पाती तो इस बात से अनभिज्ञ नहीं रहती कि दबी हुई चिनगारी एक दिन भयंकर रूप धारण करके पुनः अवश्य प्रकट होगी।

अब उसका पूरा ध्यान बिरसा आंदोलन से जुड़े आदिवासी समुदायों एवं क्षेत्रों की ओर केंद्रित हो गया। सरकार के सामने ऐसी परिस्थितियाँ पुनः पैदा न हों, इसके लिए इस आंदोलन की जड़ों को नष्ट करना आवश्यक था। इसके लिए उसने अनेक कानून बनाए और आदिवासियों को पूर्णतः पंगु बना दिया। वह जमींदारों के साथ मिलकर उनका और अधिक शोषण करने लगी। उनपर अनेक प्रतिबंध लगा दिए गए, करों का बोझ डाल दिया गया, जिससे वे फिर कभी उनके सामने सिर उठाने का साहस न कर सकें।

इसका सबसे बुरा प्रभाव उन लोगों पर पड़ा, जो बिरसा के पंथ

का अनुसरण कर रहे थे। ऐसी स्थिति में सरकार की दमनकारी नीतियों से बचने के लिए वे ईसाई धर्म अपनाने लगे। इसमें नए लोगों के अतिरिक्त वे लोग भी सम्मिलित थे, जो ईसाई धर्म छोड़कर बिरसा के अनुयायी बन गए थे; परंतु यह परिवर्तन अस्थायी था। यदि वे ऐसा नहीं करते तो बिरसा का साथ देनेवाले अधिकांश विद्रोहियों को मौत के घाट उतार दिया जाता। बिरसा को सजा मिलने तथा सरकार द्वारा आंदोलन को कुचल दिए जाने से आदिवासियों का मनोबल पूरी तरह से टूट चुका था। उनके आस-पास की परिस्थितियाँ तेजी से बदलने लगीं, फिर भी बिरसा के रूप में आशा की एक धूमिल सी किरण शेष थी और वे उसी की प्रतीक्षा कर रहे थे।

□

13

राख में दबी चिनगारी

बिरसा ही आदिवासियों की एकमात्र उम्मीद थे। उन्होंने आदिवासियों को जागरूक कर संगठित किया था। उनके नेतृत्व में वे जमींदारों एवं सरकार के विरुद्ध खड़े होकर अपना अधिकार पाना चाहते थे। आदिवासियों के बीच बिरसा भगवान् के रूप में पूजे जाते थे। यही कारण था कि उनके आह्वान पर आदिवासी अपना सबकुछ त्यागकर आंदोलन में कूद पड़े थे। उन्हें विश्वास था कि वे इसमें अवश्य सफल होंगे।

बिरसा के बाद आंदोलन को गति देनेवाला कोई भी प्रभावशाली एवं योग्य नेता नहीं था। इसलिए बिरसा को सजा मिलने के साथ ही बिरसा आंदोलन पूरी तरह से असफल हो गया। इस आंदोलन के लिए जो कारण उत्तरदायी थे, सरकार ने उन्हें पूरी तरह से नजरअंदाज कर दिया। वे पहले की तरह ही आदिवासियों को प्रताड़ित करती रही।

इसी बीच कर्नल गोर्डन के स्थानांतरण के बाद ए.सी. स्ट्रीटफील्ड ने राँची के डिप्टी कमिश्नर का कार्यभार सँभाल लिया था। यद्यपि वे सरकारी अधिकारी थे, लेकिन उनके कार्य करने का

तरीका गोर्डन से भिन्न था। उनके अथक प्रयासों से लोगों के हृदय में सरकार के प्रति अविश्वास का भाव कुछ हद तक कम हुआ, लेकिन आदिवासियों की भूमि-संबंधी माँगों में जमींदारों और सरकार का आदिवासियों के साथ सामंजस्य बिठा पाना असंभव था। इसलिए वे भूमि-संबंधी माँगों का कोई उचित समाधान नहीं निकाल सके।

भूमि बिरसा आंदोलन का मुख्य आधार थी। सरकार द्वारा इसे महत्त्व न दिए जाने से जमींदार जहाँ प्रसन्न थे, वहीं दूसरी ओर आदिवासियों में असंतोष पनप रहा था।

अकाल की मार

सन् 1896 में आदिवासियों को भयंकर दुर्भिक्ष का सामना करना पड़ा। यह अकाल अधिकतर उन्हीं क्षेत्रों में पड़ा था, जो बिरसा आंदोलन के मुख्य क्षेत्र थे। आंदोलन बुरी तरह से असफल हुआ था और सरकार के साथ मिलकर जमींदार उन पर भरपूर अत्याचार कर रहे थे। ऐसे समय में इस ईश्वरीय प्रकोप ने आदिवासियों को तोड़कर रख दिया। फसलें नष्ट हो गईं तथा खाद्यान्नों के दाम आसमान छूने लगे। हजारों लोग अन्न के अभाव में काल के ग्रास बन गए। सरकारी तंत्र इस ओर से आँखें मूँदे हुए था। इसके फलस्वरूप अव्यवस्था फैल गई। गरीबी और भूख के चलते हत्या, चोरी, लूटपाट आदि अपराधों में अप्रत्याशित रूप से बढ़ोतरी हो गई। इससे वहाँ की स्थिति अत्यंत विस्फोटक बन गई।

अंत में सरकार की नींद खुली और अकाल से निपटने के लिए उसने कुछ नीतिगत उपाय किए। इसके अंतर्गत निःशुल्क भोजन-सामग्री बाँटी गई, पुनर्निर्माण के लिए गाँवों को ऋण दिए गए। लेकिन सरकार की ये नीतियाँ मिशनरियों के प्रभाव को बढ़ानेवाली थीं। इस सहायता की आड़ में लोगों का धर्म-परिवर्तन किया जाने लगा। ईसाई धर्म स्वीकार करनेवालों को सरकार द्वारा अतिरिक्त सुविधाएँ दी गईं।

ऐसे समय में भी जमींदार तटस्थ रहे। उनका हृदय दया एवं परोपकार से रहित हो चुका था। वे उन्हें कुचल देना चाहते थे, जिन्होंने बिरसा आंदोलन के समय उनके सामने सिर उठाने का साहस किया था। अत: उन्होंने न केवल आदिवासियों पर अनेक अत्याचार किए, वरन् उन्हें बरबाद करने में भी पीछे नहीं रहे।

बंगाल काश्तकारी कानून

सन् 1897 में एक अधिनियम पारित हुआ। इसके अंतर्गत स्पष्ट किया गया कि आवश्यकता पड़ने पर जमींदार भूमि संबंधी स्थितियों और सेवाओं में अनिवार्यत: परिवर्तन कर सकते हैं। इसमें आदिवासियों के हितों की बात कही गई थी, लेकिन वास्तव में यह सरकार द्वारा जमींदारों को दिया गया उपहार था। इसमें केवल उन आदिवासियों का हित निहित था, जो जमींदारों के पिट्ठू थे। वे चापलूसी या छोटे-मोटे काम करके जमींदारों को प्रसन्न कर लेते और अपने लगान का अधिकांश भाग माफ करवा लेते। जिन आदिवासियों ने ईसाई धर्म स्वीकार कर लिया था, सरकार ने उन्हें लगान देने की प्रक्रिया से बाहर रखा था, अर्थात् उनका पूरा लगान माफ था, लेकिन गैर-ईसाई आदिवासियों एवं मुंडाओं के लिए यह अधिनियम अभिशाप के समान था। इसकी आड़ में सरकार ने अपने विरोधियों को आर्थिक रूप से पंगु बनाने का षड्यंत्र रचा था।

जमींदारों के सभी कार्यों पर व्यय होनेवाली राशि को जोड़कर लगान निर्धारित किया जाता था। इसमें उत्सव एवं तीर्थाटन आदि पर लगनेवाला टैक्स भी सम्मिलित था। एक ओर आदिवासियों को बेगार करनी पड़ती थी, उसपर लगान का भारी बोझ उन्हें कोल्हू में पेरने जैसा था। शारीरिक एवं आर्थिक रूप से शोषित आदिवासी पूरी तरह से बेबस और असहाय थे।

स्ट्रीटफील्ड रिपोर्ट

अन्य ब्रिटिश अधिकारियों की अपेक्षा ए.सी. स्ट्रीटफील्ड के मन में आदिवासियों के लिए सहानुभूति थी। अधिनियम को लागू करने से पूर्व वे उनके पक्ष का गहन अध्ययन करना चाहते थे। उनकी दृष्टि में यह अधिनियम ऐसा अस्त्र था, जिसके द्वारा जमींदार आदिवासी समुदाय का भरपूर शोषण करने के लिए स्वतंत्र थे। इससे वे और अधिक निरकुंश हो सकते थे। स्ट्रीटफील्ड ने अपने विचार सरकार के समक्ष रखे और व्यावहारिक कठिनाइयों की ओर उसका ध्यान आकृष्ट किया। यह उन्हीं के प्रयासों का परिणाम था कि बंगाल काश्तकारी कानून लागू करने से पूर्व बोर्ड ऑफ रेवेन्यू ने छोटा नागपुर में आदिवासियों की स्थिति का आकलन करने का निश्चय किया।

वुडवर्न रिपोर्ट

बंगाल काश्तकारी कानून लागू करना क्या उचित और सामयिक है, इसका अध्ययन करने के लिए बोर्ड ऑफ रेवेन्यू ने एक कमेटी का गठन किया। इसके अध्यक्ष पद पर लेफ्टिनेंट गवर्नर जॉन वुडवर्न नियुक्त किए गए। अगस्त, 1899 में यह कमेटी राँची पहुँची।

स्थिति का अध्ययन करने के बाद वुडवर्न कमेटी ने एक रिपोर्ट जारी की। इसमें स्पष्ट तौर पर कहा गया था—'बिरसा आंदोलन के बाद भी भूमि-संबंधी समस्याओं का समाधान लंबित होने के कारण मुंडा सरदारों एवं आदिवासियों में असंतोष व्याप्त है। ऐसी स्थिति में बंगाल काश्तकारी कानून लागू करना आग में घी डालने जैसा होगा। इससे लोगों में उत्तेजना भड़केगी और यहाँ पर अशांति बढ़ सकती है।'

रिपोर्ट ने सरकार को असमंजस की स्थिति में डाल दिया। अंतत: इस विषय में वह कोई निर्णय नहीं ले सकी।

बिरसा अभियान

यद्यपि बिरसा के बंदी बनाए जाने के तुरंत बाद मुंडा सरदार भूमिगत हो गए तथा कुछ दिनों के लिए उन्होंने सरकार-विरोधी गतिविधियाँ स्थगित कर दीं, तथापि बिरसा आंदोलन की आग अभी तक उनके हृदयों में जल रही थी। इसलिए कुछ समय तक शांत रहने के बाद वे पुनः एकजुट होकर प्रयास करने लगे। बिरसा दो वर्ष का कठोर कारावास झेल रहे थे, लेकिन बाहर मुंडा सरदार उनके आंदोलन की लौ प्रज्वलित किए हुए थे। वे गाँव-गाँव घूमकर लोगों को संगठित कर रहे थे। उन्होंने लोगों को विश्वास दिलाया कि जेल से छूटने के बाद बिरसा के नेतृत्व में पुनः आंदोलन आरंभ होगा और इस बार सरकार को उनकी माँगें पूरी करनी ही होंगी।

मुंडा आदिवासियों की गतिविधियों से सरकार अनभिज्ञ नहीं थी, लेकिन उनके विरुद्ध सीधी कारर‍वाई करने से आदिवासी समुदाय भड़क सकता था। इसलिए सरकार ने एक घोषणा जारी की। इसके अंतर्गत सरदारों को चेतावनी देते हुए कहा गया था कि यदि उनके कारण किसी क्षेत्र में दंगे हुए अथवा आपराधिक गतिविधियाँ हुईं तो वहाँ पुलिस बल तैनात कर दिया जाएगा तथा उसका सारा व्यय स्थानीय लोगों को उठाना होगा। लेकिन सरदारों पर इस घोषणा का कोई असर नहीं हुआ और वे पूर्ववत् अपने अभियान में जुटे रहे। □

14

जेल से रिहाई

30 नवंबर, 1897 की सुबह पक्षियों का कोलाहल कुछ अधिक बढ़ गया था। ऐसा लगता था, मानो किसी ने उन्हें पिंजरे से निकालकर खुले आकाश में छोड़ दिया है और वे शोर मचाते हुए अपनी खुशी को प्रकट कर रहे हैं। तभी जेल का फाटक खुला और उसमें से एक युवक बाहर निकला। सिर पर पगड़ी, कमर पर धोती, पैरों में खड़ाऊँ तथा शरीर पर लिपटा हुआ एक कपड़ा। वह युवक कोई और नहीं, बल्कि महान् क्रांतिकारी बिरसा मुंडा थे, जो दो वर्ष का सश्रम कारावास काटने के बाद आज रिहा हुए थे। जंगल के इस उन्मुक्त परिंदे ने आज फिर खुली हवा में साँस ली थी।

कहते हैं कि समय के प्रहार इनसान को बदल देते हैं, परंतु कठोर कारावास के इन दो वर्षों में कुछ भी नहीं बदला था, बलिष्ठ शरीर, कठोर चेहरा, चमकती आँखें, मजबूत इरादे, कुछ कर गुजरने का जज्बा। दो वर्ष पूर्व उन्होंने क्रांति की जो मशाल प्रज्वलित की थी, वह आज भी उनके हृदय में धधक रही थी। उन्होंने आसमान की ओर देखा और फिर तेज कदमों से अपने मार्ग की ओर बढ़ गए।

बिरसा के घर लौटने का समाचार जंगल में आग की तरह चारों ओर फैल गया। मुंडा सरदार एवं अन्य आदिवासी सरकार के अत्याचार सहते हुए उनके लौटने की प्रतीक्षा कर रहे थे। इस शुभ समाचार ने जैसे उनके मृत शरीरों में प्राण फूँकने का काम किया। देखते-ही-देखते बिरसा के घर उनसे मिलनेवालों का ताँता लगने लगा। सुदूर क्षेत्रों से लोग उसके दर्शन के लिए आने लगे।

बिरसा उनसे आदिवासियों की स्थिति और उनके विचारों के बारे में जानकारी प्राप्त करते थे। इससे एक ओर जहाँ उन्हें आदिवासियों की दयनीय स्थिति के बारे में सुनकर दु:ख हुआ, वहीं दूसरी ओर उनके हृदय में जलनेवाली क्रांति की ज्वाला ने उसे जोश से भर दिया। उन्होंने निश्चय कर लिया था कि वह सरकार द्वारा कुचल दिए गए आंदोलन को पुनः आरंभ करेंगे। इस विषय में मुंडा सरदारों से बात की। उनका भी यही विचार था कि अपमानित जीवन की अपेक्षा अपने अधिकारों के लिए लड़ते हुए मरना अधिक श्रेयस्कर है। वे सहर्ष उनका साथ देने के लिए तैयार हो गए। एक बार फिर आंदोलन की तैयारियाँ आरंभ होने लगीं।

करमी की चिंता

माँ करमी सबसे अधिक बिरसा से प्रेम करती थी। इसलिए करमी नहीं चाहती थी कि वे पुनः क्रांति की आग में कूदें, लेकिन जब उन्होंने आंदोलन से संबंधित गतिविधियाँ देखीं, तो वह भयभीत हो उठीं।

एक दिन उन्होंने बिरसा को बुलाया और उनके समक्ष अपने मन का भय प्रकट करते हुए बोलीं, ''बिरसे, अंग्रेज बहुत पापी और जालिम हैं। उनके हृदय में दया, क्षमा, परोपकार के लिए कोई स्थान नहीं है। अपने सामने सिर उठानेवाले को उन्होंने या तो मौत के घाट उतार दिया या फिर हमेशा के लिए जेल में डाल दिया। जमींदार

और उच्चवर्ग के लोग भी उनके साथ मिले हुए हैं। उनके पास बड़ी सेना है, अस्त्र-शस्त्र हैं। ऐसे में निर्धन और भूख से पीड़ित आदिवासियों को साथ लेकर तुम कैसे उनका मुकाबला करोगे? बेटा, हमने बड़े कष्ट उठाकर तुम्हें इसलिए पढ़ाया-लिखाया था कि तुम अपना भविष्य सँवार सको, लेकिन सबकुछ भूलकर तुमने स्वयं को आदिवासियों के लिए समर्पित कर दिया है। मेरी दृष्टि में यह कार्य बुरा नहीं है, परंतु अंग्रेज तुम्हें जीवित नहीं छोड़ेंगे। इसी बात की चिंता दिन-रात मुझे बेचैन कर रही है।''

''माँ, यदि अंग्रेजों के पास अस्त्र-शस्त्र हैं, विशाल सेना है तो मेरे पास न्याय, सत्य, दया और धर्म की शक्ति है। जिसकी इच्छा से संसार के सारे कार्य होते हैं, वह सर्वशक्तिमान ईश्वर भी मेरे साथ है। ऐसे में कोई मेरा कुछ भी नहीं बिगाड़ सकता। माँ, जमींदारों और सरकार के खजाने दिन-प्रतिदिन बढ़ते जा रहे हैं, लेकिन गरीब आदिवासियों को दो जून की रोटी भी नसीब नहीं होती, तन ढकने के लिए चिथड़ों से काम चलाना पड़ता है। उनकी माँ, बहनों, पत्नियों पर वे लोग बुरी नजर रखते हैं, उनकी इज्जत और मान-सम्मान को धूल में मिला देते हैं। माँ, मेरी लड़ाई स्वार्थ के लिए नहीं, अपितु लोगों के कल्याण के लिए है; स्त्रियों के मान-सम्मान के लिए है। मेरे इस धर्म-युद्ध में उन हजारों-लाखों आदिवासियों की खुशियाँ छिपी हुई हैं, जिनके लिए वे सदियों से तरस रहे हैं। मैंने प्रतिज्ञा की है कि कोई साथ दे या न दें, लेकिन मैं अपनी जाति और अपने लोगों के लिए अवश्य लड़ूँगा, फिर चाहे इसमें मेरे प्राण ही क्यों न चले जाएँ। माँ, मैंने बकरी का नहीं, एक शेरनी का दूध पिया है और मुझे उस दूध की लाज रखनी है। इसलिए रोकने की बजाय पर तुम मुझे आगे बढ़ने का आशीर्वाद दो। आशीर्वाद दो कि तुम्हारा बेटा लाखों लोगों के मुरझाए चेहरों पर मुस्कराहट ला सके, उनकी सूनी आँखों में खुशियों के रंग भर सके, उन्हें इनसान होने का अहसास करा

सके। केवल इसी से मेरा जीवन सार्थक होगा।''

माँ करमी समझ गईं कि सत्य, धर्म और दया के मार्ग पर बिरसा बहुत आगे बढ़ चुका है। लाखों लोगों की निगाहें उसपर टिकी हुई हैं। भूख की आग में जलते तथा चिथड़ों में लिपटे इन अधनंगे लोगों का वह मसीहा है। उनकी आँखों से निकलते एक-एक आँसू का उसे हिसाब चुकाना है। उसका जन्म पारिवारिक बंधनों में बँधने के लिए नहीं हुआ, वह इन सबके कल्याण के लिए धरती पर आया है।

करमी ने आँसू पोंछ डाले और दृढ़ स्वर में बोलीं, ''बिरसे, तुम्हें पुत्र-रूप में पाकर मैं धन्य हो गई। मैं आशीर्वाद देती हूँ कि तुम अपने उद्देश्य में सफलता प्राप्त करो। चारों ओर तेरा ही नाम गूँजे, तेरी जय हो।''

आशीर्वाद पाकर बिरसा के मन में नए जोश और उत्साह का संचार हुआ। उन्होंने चुनौतियों का सामना करने के लिए कमर कस ली।

□

15

हमें अधिकार चाहिए

बिरसा ने मुंडा सरदारों के साथ गुप्त भेंट की। भेंट के दौरान सरदारों ने बिरसा को आदिवासियों की मनोस्थिति से अवगत कराया। साथ ही उन्होंने बिरसा को आश्वासन दिया कि आदिवासी उनके नेतृत्व में आंदोलन करने के लिए पूरी तरह से तैयार हैं। इस बैठक में बिरसा ने आंदोलन पुनः आरंभ की घोषणा की। इस बार धर्म की आड़ में राजनीतिक आंदोलन करने का निर्णय लिया गया था। धार्मिक पृष्ठभूमि होने के कारण आंदोलन से अधिक-से-अधिक लोगों को सरलतापूर्वक जोड़ा जा सकता था। इसके अंतर्गत कुछ महत्त्वपूर्ण कदम उठाए गए।

बिरसा का घर लोगों के लिए पवित्र एवं पूजनीय था। अब उन्होंने अपने अनुयायियों के घर भी पवित्र घोषित करवा दिए। इन घरों में बिरसा के समर्थकों के अतिरिक्त अन्य लोगों का प्रवेश वर्जित था। ऐसे व्यक्ति समाज द्वारा बहिष्कृत हो जाते थे। इसके पीछे बिरसा की गहरी सूझ-बूझ काम कर रही थी। ये घर आबादी से थोड़ा हटकर बनाए गए थे। अस्त्र-शस्त्र रखने तथा गुप्त मंत्रणाएँ करने के

लिए ये घर अत्यंत सुरक्षित सिद्ध हुए।

आंदोलनकारियों को तीन श्रेणियों में बाँटा गया। ये श्रेणियाँ थीं, प्रचारक या गुरु, पुरानक या पूराने तथा ननक।

प्रचारक या गुरु श्रेणी में उन लोगों को सम्मिलित किया गया था, जो बिरसा के अत्यंत विश्वासपात्र थे। इनके पवित्र घरों में ही बिरसा-समर्थकों की गुप्त मंत्रणाएँ होती थीं। ये मंत्रणाएँ बृहस्पतिवार तथा रविवार को रात के समय होती थीं।

पुरानक या पुराने श्रेणी में वे लोग सम्मिलित थे, जो खुले रूप से विद्रोह करने में विश्वास रखते थे। इस श्रेणी के लिए लोगों का चयन बहुत सोच-विचारकर किया जाता था।

आंदोलनकारियों की तीसरी श्रेणी ननक कहलाती थी। आंदोलन के लिए जिन नए लोगों को लिया जाता था, वे इस श्रेणी में आते थे। अन्य श्रेणियों की तुलना में इस श्रेणी में लोगों की संख्या अधिक थी। इन्हें महत्त्वपूर्ण मंत्रणाओं में सम्मिलित नहीं किया जाता था, केवल प्रस्तावों के विषय में जानकारी देकर आवश्यक कार्य सौंप दिए जाते थे।

पिछली बार का आंदोलन अनेक कारणों के चलते असफल हुआ था। अव्यवस्था तथा अनियंत्रण के चलते आदिवासियों के बीच परस्पर सामंजस्य का अभाव स्पष्ट दृष्टिगोचर हो रहा था। आंदोलन की सफलता के लिए आस-पास के आदिवासियों के साथ-साथ सुदूर क्षेत्रों के आदिवासियों को भी इससे जोड़ना आवश्यक था। इसलिए बिरसा ने आदिवासी बहुल क्षेत्रों की यात्रा करने का निश्चय किया। एक ओर इन यात्राओं से वह अन्य आदिवासी जातियों से संपर्क स्थापित कर सकते थे, जिससे यह आंदोलन क्षेत्रीय न होकर संपूर्ण भारत में फैल जाए, वहीं दूसरी ओर राजनीतिक आंदोलन को धार्मिक आंदोलन का रूप दिया जा सकता था। इसके लिए उन्होंने चुटिया मंदिर, नवरत्नगढ़ तथा जगन्नाथ पुरी को चुना।

उसके समर्थकों ने यह बात फैला दी कि चुटिया मंदिर से तुलसीदल, नवरत्नगढ़ से पवित्र मिट्टी एवं जल तथा जगन्नाथ पुरी से चंदन का लेप लाने के लिए बिरसा इन क्षेत्रों की यात्रा कर रहे हैं।

चुटिया-यात्रा

मुंडाओं के लिए चुटिया क्षेत्र धार्मिक एवं राजनीतिक दृष्टिकोण से अत्यंत महत्त्वपूर्ण था। यहाँ पूर्त्ति वंश से संबंधित प्रसिद्ध चुटिया मंदिर था तथा अनेक आदिवासी जातियाँ भी इस क्षेत्र में निवास करती थीं। इसलिए बिरसा ने सर्वप्रथम चुटिया क्षेत्र की यात्रा की। यात्रा का आरंभ 28 जनवरी, 1898 को हुआ।

इस यात्रा पर ब्रिटिश सरकार की पैनी निगाहें थीं। उन्हें भ्रमित करने के लिए बिरसा ने यात्रा-दल को तीन भागों में बाँटा। इसके पहले दल में सौ व्यक्ति थे, जिसका नेतृत्व स्वयं बिरसा कर रहे थे। दूसरे दल का नेतृत्वकर्ता बिरसा के बड़े भाई कोमता मुंडा थे, जबकि तीसरे दल का नेतृत्त्व बानापीड़ी के डोकन मुंडा के हाथ में था। बिरसा ने चलकद क्षेत्र के निकटतम वन का नाम 'जंबूवन' रखा था। इसलिए तीनों दलों को समझा दिया गया कि पूछने पर वे स्वयं को जंबूवन से संबंधित बताएँ।

चुटिया मंदिर में उच्चवर्गीय लोगों का अधिकार था। इसमें आदिवासियों के प्रवेश पर प्रतिबंध था। यदि कोई आदिवासी मंदिर में प्रविष्ट हो जाता, तो उसे घोर यातनाएँ देकर दंडित किया जाता था। बिरसा का मत था कि जिस मंदिर में लोगों के साथ भेदभाव किया जाता हो, वहाँ भगवान् का कभी वास नहीं होता। ये स्थान लोगों को ठगने के लिए बनाए गए हैं। इसलिए उन्होंने अपने समर्थकों सहित चुटिया मंदिर पर आक्रमण कर दिया। उन्होंने न केवल मूर्ति को खंडित किया, बल्कि मंदिर को भी क्षति पहुँचाई। इस कार्य ने वहाँ के स्थानीय आदिवासियों को उच्चवर्गीय लोगों के

विरुद्ध खड़ा होने के लिए प्रेरित किया। अब वे भी बिरसा आंदोलन का हिस्सा बन गए।

जेल से रिहा होने के बाद बिरसा का यह पहला कार्य था, जिसने उच्चवर्गीय लोगों को हिलाकर रख दिया। यद्यपि यह कार्य उनके धार्मिक आंदोलन का प्रारूप स्पष्ट करता था, लेकिन बिरसा के संबंध में सरकार किसी भी प्रकार का ढुलमुल रवैया नहीं अपनाना चाहती थी। उसने कुछ लोगों की धरपकड़ की। पकड़े गए लोगों ने स्वयं को निर्दोष बताते हुए कहा कि उन्होंने बिरसा द्वारा उत्तेजित किए जाने पर ही यह कार्य किया था।

चुटिया मंदिर की घटना के पीछे बिरसा मुंडा का हाथ था, यह स्पष्ट होते ही सरकार ने उनकी गिरफ्तारी का आदेश जारी कर दिया। इसके अतिरिक्त बिरसा पर इनाम भी घोषित कर दिया गया, लेकिन जब तक आदेश को अमल में लाया जाता, तब तक बिरसा गुप्त रूप से चुटिया क्षेत्र से बाहर जा चुके थे।

इस यात्रा के दौरान बिरसा ने प्रतिज्ञा की थी कि आज से समस्त मुंडा आदिवासी तुलसी की पूजा करेंगे। तभी से तुलसी का पौधा मुंडाओं के लिए पवित्र और पूजनीय बन गया।

पुरी-यात्रा

मुंडा आदिवासी उड़ीसा में स्थित जगन्नाथपुरी को अपना पैतृक मंदिर मानते थे। उनके अनुसार मुंडा-पूर्वज विभिन्न भेंटें लेकर यहाँ आते और ईश्वर की पूजा करते थे। बाद में उच्चवर्गीय लोगों ने इस पर अधिकार कर लिया। तब मुंडा-पूर्वजों ने हमेशा के लिए वह स्थान छोड़ दिया और उससे कुछ दूरी पर एक अन्य स्थान पर धार्मिक क्रियाएँ करने लगे।

चुटिया क्षेत्र में अपना डंका बजाने के बाद बिरसा ने समर्थकों सहित जगन्नाथ पुरी की ओर प्रस्थान किया। पुरी के मंदिर में

अनुष्ठान करके उन्होंने अपने समर्थकों के मस्तक पर चंदन का तिलक लगाया और आंदोलन में अपना सर्वस्व न्योछावर करने के लिए क्षेत्रीय आदिवासियों का आह्वान किया।

समाज एवं राष्ट्र के कल्याण हेतु बिरसा इस पवित्र क्षेत्र में तप करना चाहते थे। इसलिए कुछ समय बाद उन्होंने पुरी की पुनः यात्रा की। इस बार उन्होंने यह यात्रा अकेले ही की। वहाँ उन्होंने 15 दिन तक कठोर तपस्या की। इस दौरान अन्न-जल का पूर्णतः त्याग कर दिया। तपस्या पूर्ण होने के बाद बिरसा ने प्रतिज्ञा की कि वह ब्राह्मणवाद, पुरोहितों, बलि जैसी कुप्रथाओं तथा हिंसा के विरुद्ध लोगों को जागरूक करेंगे।

तत्कालीन धार्मिक कुरीतियों के नीचे निम्नवर्गीय लोग बुरी तरह से दबे हुए थे। इस प्रतिज्ञा द्वारा बिरसा ने इन कुरीतियों को समाप्त करने का बीड़ा उठाया था।

नवरत्नगढ़-यात्रा

नवंबर 1899 में बिरसा ने अपने समर्थकों के साथ नवरत्नगढ़ की यात्रा की। वहाँ अनुष्ठान करने के बाद बिरसा ने अपने समर्थकों पर पवित्र जल का छिड़काव किया और उन्हें एक मंत्र सिखाया— 'सिरमारे फिरन राजा जय, धरतीते पदवी राजा जय', अर्थात् स्वर्ग में फिरोन की उपाधिवाले मिस्र के राजाओं की जय तथा पृथ्वी पर राजा की उपाधिवाले बिरसा की जय हो। बाद में बिरसा ने एक ओजपूर्ण भाषण दिया–

"जमींदारों तथा सरकार द्वारा पीड़ित आदिवासी निरीह पशुओं के समान जीवन जी रहे हैं। न तो उनके तन पर कपड़े हैं और न ही पेट में अन्न। उच्चवर्ग के लोग नहीं चाहते कि उन्हें सुलभ वस्तुओं का आदिवासी समुदाय भी उपभोग करे। उनकी मानसिकता आदिवासियों के शारीरिक और आर्थिक शोषण तक सीमित है। समाज में उनकी

स्थिति अत्यंत दयनीय है। उच्चवर्गीय लोग उन्हें गुलाम समझते हैं, उन्हें अपने खेतों में बेगार करने के लिए विवश करते हैं। उनके इस अनीतिपूर्ण दुर्व्यवहार के विरुद्ध आवाज उठानेवालों को कोड़ों से पीटा जाता है; भारी कर और लगान द्वारा उसका दोहन किया जाता है। परिवार के भरण-पोषण के लिए दो जून का अन्न जुटाना भी उनके लिए दुष्कर है। ऐसी स्थिति में वे अधिकारहीन, इच्छाहीन तथा विचारहीन होकर जमींदारों एवं महाजनों के अत्याचारों को चुपचाप सहते रहते हैं। यह स्थिति केवल उन तक ही नहीं रहती। इसका प्रभाव उनके परिवार पर भी पड़ता है। उनकी संतानों को शिक्षा एवं उचित पोषण का अभाव झेलना पड़ता है। इतना ही नहीं, उनकी स्त्रियों पर जमींदार एवं सरकारी अधिकारी कुदृष्टि रखते हैं। किसी भी आदिवासी महिला के मान-सम्मान को पैरों तले कुचल देना उनके लिए अत्यंत सहज है।

समाज में व्याप्त धार्मिक कुरीतियाँ भी उनके लिए अभिशाप से कम नहीं हैं। पुरोहित और पंडे धार्मिक कृत्यों के नाम पर गरीब आदिवासियों के शरीर से रक्त की एक-एक बूँद खींच लेना चाहते हैं।

लेकिन अब वह समय आ गया है जब आदिवासी समुदाय समाज में अपनी शक्ति को स्थापित करे। इसके लिए एकजुटता और लक्ष्य को प्राप्त करने की प्रबल इच्छा होनी आवश्यक है। मान-सम्मानरहित जीवन जीने से अच्छा है कि हम अधिकारों की इस लड़ाई में स्वयं को अर्पित कर दें। यदि सभी आदिवासी एक साथ उठ खड़े हों, तो सरकार भी उनके सामने घुटने टेकने को विवश हो जाएगी।

आओ, हम प्रण करें कि आत्म-सम्मान के लिए लड़ी जानेवाली इस लड़ाई में हम अपना सबकुछ न्योछावर कर देंगे। हमें समाज में सम्मानित स्थान चाहिए, हमें हमारे अधिकार चाहिए, हमें वह भूमि

चाहिए, जिसे हमने अपने खून-पसीने से सींचा है।''

बिरसा ने आदिवासियों की समस्याओं, दु:खों एवं जमींदारों द्वारा उन्हें दी जानेवाली भयंकर यातनाओं का उल्लेख किया था, जिसने ऐसा मार्मिक दृश्य उपस्थित कर दिया कि स्थानीय लोग भावुक होकर उनकी जय-जयकार कर उठे।

अगले दिन बृहस्पतिवार था। इस दिन बिरसा ने नवरत्नगढ़ की मिट्टी को पवित्र जल में मिलाकर तैयार किए गए लेप से अनुयायियों के मस्तक पर तिलक किया। तत्पश्चात् वे वहाँ से चलकद की ओर चल पड़े।

□

16

सशस्त्र आंदोलन का उद्घोष

धार्मिक क्रियाकलापों के साथ-साथ बिरसा राजनीतिक गतिविधियों का भी सुचारु रूप से संचालन कर रहे थे। एकांत स्थानों पर होनेवाली गुप्त बैठकों में अकसर विद्रोह से संबंधित तैयारियों पर चर्चा की जाती थी। लेकिन अब चलकद से समस्त आंदोलन पर नजर रखना कठिन होता जा रहा था। जमींदारों द्वारा सचेत किए जाने पर सरकार ने भी उस क्षेत्र के आस-पास अपने जासूस नियुक्त कर दिए थे, जिससे उन्हें पल-पल की खबर मिलती रहती थी। इसके अतिरिक्त चलकद के निकट बंदगाँव था, जहाँ का जमींदार जगमोहन बिरसा का पुराना शत्रु था। वह कभी भी उनके लिए समस्याएँ पैदा कर सकता था। आंदोलन अपनी चरम अवस्था की ओर गतिमान था तथा बिरसा इसमें किसी भी प्रकार का व्यवधान नहीं चाहते थे। इसलिए आंदोलन का केंद्र-बिंदु किसी अन्य स्थान पर ले जाना आवश्यक था।

क्रांतिकारी गतिविधियों के लिए आस-पास उपयुक्त स्थान की खोज की गई। ऐसे में बिरसा की नजर डोंबरी क्षेत्र पर जाकर टिक

गई। डोंबरी क्षेत्र चारों ओर से पर्वतों से घिरा हुआ था। इससे बाहर आने का केवल एक मार्ग था, जो डोंबा घाटी में खुलता था। इसके बीचोबीच एक खुला मैदान था, जहाँ प्राकृतिक संपदाओं के साथ-साथ भरपूर मात्रा में जल उपलब्ध था। यह स्थान बचपन से ही बिरसा का जाना-पहचाना था। इस स्थान पर मुंडा और मुंडारी जाति के लोग रहते थे, जिनका अपना ही गौरवमयी इतिहास था। कहा जाता है कि आदिवासियों द्वारा किए गए प्रसिद्ध कोल-विद्रोह का संबंध इसी क्षेत्र से था। यहाँ के मुंडाओं ने अंग्रेजों के विरुद्ध वीरता और शौर्य का उत्कृष्ट प्रदर्शन किया था। अपनी प्राकृतिक छटा, उपयोगिता और ऐतिहासिक पृष्ठभूमि के कारण बिरसा को यह क्षेत्र अत्यंत पसंद आया। यहाँ से एक ओर आंदोलन पर सरलतापूर्वक नजर रखी जा सकती थी, वहीं दूसरी ओर प्राकृतिक कठिनाइयों के कारण जमींदार और सरकार भी इस क्षेत्र में सीधी कारवाई करने से बचते थे। स्पष्ट शब्दों में कहा जाए तो यह क्षेत्र क्रांतिकारियों के लिए एक सुरक्षित गढ़ था, जिसे भेदने का साहस किसी में नहीं था।

बिरसा की सम्मति से विद्रोह का मुख्य केंद्र चलकद से हटाकर डोंबरी बनाया गया। चलकद और डोंबरी दोनों ही क्षेत्रों ने बिरसा के व्यक्तित्व को एक अलग पहचान दी। चलकद में जहाँ बिरसा 'भगवान्' के रूप में प्रसिद्ध हुए थे, वहीं डोंबरी में वह 'स्वतंत्रता के लिए प्रयत्नशील सेनानी' के रूप में पहचाने गए।

डोंबरी-सभा

फरवरी, 1898 में डोंबरी क्षेत्र के जगरी मुंडा के घर मुंडाओं की प्रथम सभा का आयोजन किया गया। इसमें बिरसा मुंडा के विश्वसनीय समर्थक सम्मिलित हुए थे। बिरसा शांति और अहिंसा के पक्षधर थे। इसलिए बैठक के दौरान उन्होंने धर्म-पथ पर चलते हुए शांतिपूर्ण तरीके से अपने अधिकार और खोई हुई भूमि प्राप्त करने

पर जोर दिया, लेकिन मुंडा सरदार बल और हिंसा के मार्ग का अनुसरण करना चाहते थे। उनका मत था कि सरकार द्वारा बनाए गए कानूनों के विरुद्ध शांतिपूर्वक विरोध करके अपनी भूमि एवं अधिकार प्राप्त करना असंभव है। इसके लिए आवश्यक है कि बल द्वारा हम अपनी भूमि उनसे छीन लें। इसके लिए उन्होंने पूर्व में आदिवासियों के साथ घटित हुई घटनाओं का हवाला दिया।

बिरसा ने उन्हें समझाते हुए कहा, "मेरे विचार में धार्मिक मार्ग का अनुसरण करके शांतिपूर्ण ढंग से भूमि प्राप्त करना अधिक उपयुक्त है। हिंसा और बल द्वारा विद्रोह करने पर आप सबको अनेक कठिनाइयों का सामना करना पड़ेगा। सशस्त्र क्रांति से पूर्व आपको अपने-अपने परिवार के उचित भरण-पोषण और सुरक्षा की व्यवस्था करनी होगी, परंतु मैं आप पर अपना विचार थोपना नहीं चाहता। इसलिए आप जिस मार्ग का समर्थन करेंगे, हम उसका अनुसरण करेंगे, लेकिन इतना अवश्य याद रखें कि हम चाहे कोई भी मार्ग चुनें, मंजिल तक पहुँचने के लिए हमें कुछ समय अवश्य लगेगा। इसके लिए आप सबको धैर्य, विश्वास और साहस बनाए रखना होगा।"

बिरसा ने आदिवासियों को धर्म-पथ का अनुसरण करने के लिए बार-बार समझाया, परंतु वे सशस्त्र क्रांति पर अड़े रहे। अंततः बिरसा को झुकना पड़ा। लेकिन फिर भी उन्होंने इसका निर्णय अगली सभा में करने का निश्चय किया।

सिंबुआ सभा

डोंबरी क्षेत्र के निकट सिंबुआ नामक एक पहाड़ी थी। पूर्व निश्चित कार्यक्रम के अंतर्गत मार्च, 1898 में इस स्थान पर एक बैठक बुलाई गई। इस बैठक में लगभग तीन सौ सशस्त्र अनुयायियों ने भाग लिया। वे सभी धनुष, तीर, तलवार तथा कुल्हाड़ियों से सुसज्जित थे। उन्हें देखकर ऐसा लगता था, मानो सेना की एक छोटी

टुकड़ी युद्ध के लिए तैयार खड़ी हो।

जिस दिन बैठक का आयोजन किया था, उस दिन होली का पर्व भी था। अतः उपस्थित जनसमूह ने सर्वप्रथम होलिका-दहन किया। इस अवसर पर ब्रिटिश शासन के विनाश को दिखाने के लिए केले के वृक्ष से सरकार का पुतला बनाकर उसका दहन किया गया। इसके बाद आदिवासी नाच-गाने में व्यस्त हो गए।

कुछ देर बाद बिरसा ने उपस्थित लोगों के समक्ष अपने विचार रखे। उन्होंने धर्म-पथ की महत्ता बताते हुए उन्हें पुनः समझाने का प्रयास किया। उन्होंने आदिवासियों को संबोधित करते हुए कहा कि यदि वे उस मार्ग का अनुसरण करेंगे तो शीघ्र ही आंदोलन में सफलता प्राप्त करेंगे, लेकिन यदि वे हिंसा या जोर-जबरदस्ती द्वारा शासन स्थापित करना चाहते हैं तो उन्हें और उनके परिवार को अनेक कठिनाइयों तथा अत्याचारों का सामना करना पड़ेगा; लेकिन मुंडा आदिवासी सशस्त्र विद्रोह पर अड़े रहे।

सशस्त्र आंदोलन

सिंबुआ-सभा के बाद नवंबर, 1898 में पुनः डोंबरी पहाड़ी पर सभा की गई। सभा में बिरसा अपने साथ सफेद और लाल रंग के दो झंडे लेकर पहुँचे। सफेद झंडा मुंडाओं का प्रतीक था, जबकि लाल झंडा अंग्रेजों द्वारा किए जानेवाले शोषण का प्रतीक था। बिरसा ने पूर्व दिशा की ओर सफेद झंडा तथा पश्चिम में लाल झंडा गाड़ दिया, फिर उन्होंने तलवार निकाली और 'टेक-टेक' शब्द का उच्चारण करते हुए सफेद झंडे पर हलके हाथों से प्रहार किया। फिर 'लेह-लेह' शब्द बोलते हुए यह प्रक्रिया लाल झंडे पर भी दोहराई।

तब बिरसा गरजते हुए बोले, "भाइयो! आदिवासी हमेशा से सरल, सादगी से भरा और स्वार्थरहित जीवन जीते आए हैं। अत्यंत दयनीय स्थिति में भी उन्होंने धैर्य, ईमानदारी और सहनशीलता का

दामन नहीं छोड़ा, लेकिन शत्रुओं ने उनकी सरलता और सादगी को उनकी कमजोरी समझा, उनका भरपूर शोषण किया, लेकिन आज हमने अन्याय के विरुद्ध कमर कस ली है। शीघ्र ही यह संपूर्ण क्षेत्र लाल झंडे के समान अंग्रेजों के रक्त से लाल हो जाएगा। हम सिद्ध कर देंगे कि अपने अधिकारों तथा न्याय के लिए आदिवासी प्राण देने या लेने में भी नहीं झिझकता। ये शस्त्र शत्रुओं को हमारी वीरता और साहस का परिचय देंगे।''

इस प्रकार अंग्रेजों के विरुद्ध उन्होंने सशस्त्र क्रांति की घोषणा कर दी।

तत्पश्चात् बिरसा ने बसिया, कोलेबिरा, बानो, लोहरदगा, तोरमा, कर्रा, खूँटी आदि आदिवासी बहुल क्षेत्रों में बैठकें कीं। अंग्रेजों के विरुद्ध अस्त्र-शस्त्रों की आवश्यकता थी, इसलिए इन बैठकों में उन्होंने अपने समर्थकों को धनुष-बाण और कुल्हाड़ी आदि बनाने के लिए प्रेरित किया। उन्होंने स्पष्ट किया कि यह कार्य युद्ध-स्तर पर होना चाहिए, जिससे समय आने पर हथियारों का सही उपयोग किया जा सके।

अब बिरसा का धार्मिक आंदोलन पूर्णतः सशस्त्र क्रांति में बदल चुका था। गुपचुप होनेवाली बैठकों में सशस्त्र आंदोलन की तैयारी पर ध्यान दिया जाता था।

आदिवासी समुदायों के बीच बिरसा लोकप्रिय हो चुके थे। उनके उपदेश सभी आदिवासियों तक पहुँच चुके थे। लोग उनकी सभाओं में आते और उनके समक्ष अपनी समस्याओं को रखते। बिरसा ने उन्हें भी आंदोलन में सम्मिलित कर लिया और हथियार बनाने में उनका मार्गदर्शन करने लगे। इस बार वे बिरसा आंदोलन को किसी भी तरह से विफल नहीं होने देना चाहते थे। इसके लिए उन्होंने अथक परिश्रम किया तथा स्थान-स्थान पर जाकर आदिवासियों को जागरूक कर उन्हें इस आंदोलन से जोड़ा। उनके परिश्रम का

ही परिणाम था कि आदिवासियों का एक विशाल समूह स्वयं को आंदोलन की अग्नि में झोंकने के लिए तैयार खड़ा हो गया बिरसा के एक इशारे पर वे मर-मिटने को तैयार थे।

आंदोलन में सम्मिलित होनेवाले नए समर्थक मस्तक झुकाकर तीन बार शस्त्रों को प्रणाम करते, उन्हें घुमाते और बिरसा द्वारा दिए गए मंत्र का उच्चारण करते थे। इस प्रकार अनुयायियों की संख्या में लगातार वृद्धि होती गई।

अंतिम सभा

22 दिसंबर, 1899 को सुनसान कब्रिस्तान के बीचोबीच बिरसा एक मंच पर बैठे थे। लगभग 60 सशस्त्र साथी उन्हें आस-पास से घेरे हुए थे। बैठक में सर्वप्रथम उन गतिविधियों पर विचार-विमर्श किया गया, जिससे आंदोलन को दिशा दी जा सके। लोगों को उनकी योग्यता के अनुसार निर्धारित कार्य सौंपे गए। इसके बाद अलग-अलग क्षेत्रों के कुछ योग्य योद्धाओं को चुनकर उन्हें उनके क्षेत्रों की बागडोर सौंपी गई। वे अपने-अपने क्षेत्रों के आदिवासियों का नेतृत्व कर रहे थे। उनका कार्य निर्धारित क्षेत्रों में क्रांति की मशाल को हरसंभव उपाय से जलाए रखना था।

बिरसा अपने स्थान पर खड़े हुए और गरजते हुए बोले, ''भाइयो! सदियों से आदिवासी जमींदारों और सरकार के अत्याचार सहते आ रहे हैं। उनके द्वारा किए गए अनुचित और अनैतिक कार्यों को हमने चुपचाप सहा है, लेकिन अब समय आ गया है, जब हम एक साथ मिलकर उन्हें उनके अपराधों के लिए दंडित करेंगे। जीवन में हमने अनेक कार्य किए हैं, परंतु आज हमारा एकमात्र उद्‌देश्य अंग्रेजों को पूरी तरह से कुचल देना है। मित्रो! पराधीनता और गुलामी का अंधकार छँटनेवाला है, खुशियों और सुखों का सूरज अपनी किरणों से हमें सरोबार करेगा, लेकिन इसके लिए प्रण

करना होगा कि अंग्रेजों के विरुद्ध हम जिस क्रांति का बिगुल बजा रहे हैं, उसकी सफलता के लिए हम अपने रक्त की एक-एक बूँद अर्पित करने से पीछे नहीं हटेंगे। हमारे शस्त्र शत्रुओं पर कहर बनकर टूटेंगे और उनका सर्वनाश कर डालेंगे। इस धर्मयुद्ध का एक ही नियम है–'मारो या मर जाओ'। यदि तुम शत्रुओं को नहीं मारोगे, तो वे तुम्हें मार देंगे। इसलिए जन-कल्याण के लिए शस्त्रों को शत्रुओं के रक्त से रंग दो।''

जोशीला भाषण सुनकर उपस्थित जनसमूह बिरसा की जय-जयकार कर उठा, फिर सशस्त्र क्रांति का दिन निर्धारित करके बिरसा ने अंतिम सभा समाप्त कर दी।

□

17

पहली सशस्त्र क्रांति

बिरसा आंदोलन मुख्यत: भूमि-समस्या से संबंधित था। जमींदारों ने आदिवासियों की भूमि पर अधिकार कर लिया था। वे उनसे बेगार करवाते। इसके बदले में उन्हें अपमान, तिरस्कार और भुखमरी के सिवाय कुछ नहीं मिलता था। यही कारण था कि बिरसा के नेतृत्व में आदिवासी अन्याय के विरुद्ध एक साथ उठ खड़े हुए थे। यह पहले ही निश्चित हो चुका था कि वे सशस्त्र क्रांति के रूप में विद्रोह करेंगे; लेकिन जमींदारों के साथ-साथ ब्रिटिश अधिकारी भी उनके शत्रु थे। इसलिए आंदोलन को दो स्तर पर चलाने का निर्णय लिया गया। इसके अंतर्गत पहला हमला अंग्रेजों पर किया जाना था। इसके बाद उनके पिट्ठू जमींदारों से निबटने की योजना थी। बिरसा को विश्वास था कि एक बार जोरदार हमला करने पर अंग्रेज भयभीत हो जाएँगे। उस स्थिति में साधारण जनता आदिवासियों के पक्ष में आ जाएगी। विशाल जनसमूह के समक्ष अंग्रेज कठोर कदम नहीं उठाएँगे और विवश होकर अंतत: उन्हें घुटने टेकने पड़ेंगे।

24 दिसंबर, 1899

इस दिन को मुंडा सरदारों द्वारा की गई सभा में बिरसा ने क्रांति का दिन निश्चित किया। इसके लिए क्रिसमस से एक दिन पूर्व का, अर्थात् 24 दिसंबर का दिन चुना गया। यह दिन इसलिए भी उपयुक्त था, क्योंकि दूसरे दिन क्रिसमस होने के कारण अंग्रेज अधिकारी उसकी तैयारियों में मग्न थे। बिरसा उनकी इसी असावधानी का फायदा उठाना चाहते थे। इस निर्णय के पीछे बिरसा की गहन सूझ-बूझ काम कर रही थी।

ऐसा नहीं है कि अंग्रेज उसकी इस योजना से अनभिज्ञ थे, वरन् जमींदारों के माध्यम से उन्हें पहले ही इस हमले की सूचना मिल चुकी थी। सरकार ने मुंडारी भाषा जाननेवाले एक पुलिस इंस्पेक्टर और कुछ सिपाहियों को इसकी पड़ताल करने के लिए भेजा था। उन्होंने आदिवासी क्षेत्रों में घूम-घूमकर गुप्त रूप से इसके बारे में सूचना एकत्रित करने का प्रयास किया, लेकिन बिरसा के समर्थकों के चलते उन्हें असफलता हाथ लगी।

अनेक प्रयत्न करने के बाद भी जब हमले से संबंधित ठोस सूत्र नहीं मिले तो इस सूचना को मात्र एक अफवाह मान लिया गया।

क्रांति का प्रथम चरण

निर्धारित दिन आदिवासियों ने अस्त्र-शस्त्र से सुसज्जित होकर अंग्रेजों पर हमला कर दिया। एक साथ अनेक क्षेत्रों में विद्रोह का बिगुल बज उठा था। खूँटी, बसिया, तोरपा, कर्रा, तमाड़, चक्रधरपुर आदि क्षेत्रों में आदिवासियों ने भयंकर मार-काट मचा दी। उन्होंने क्रिसमस के अवसर पर गिरजाघरों में एकत्रित हुई ईसाइयों की भीड़ पर हमला किया। उनके विषैले तीरों ने अनेक ईसाइयों को काल-कवलित कर दिया।

तमाड़ क्षेत्र में दो स्थानों पर ईसाइयों पर हमला किया गया।

खूँटी में गिरजाघर के साथ-साथ थाने का भी घेराव करके तीरों की वर्षा की गई। इस क्षेत्र के मिशनरी स्कूल में लास्टी नियुक्त था। बिरसा को प्रथम बार गिरफ्तार करवाने में उसकी विशेष भूमिका थी। अतः आदिवासियों ने स्कूल को तहस-नहस कर दिया। यद्यपि लास्टी बच निकला, लेकिन स्कूल का गोदाम और अन्य सामान जलकर राख हो गए। सिंहभूम क्षेत्र में गिरजाघर को जलाया गया।

यहाँ यह बात विशेष रूप से उल्लेखनीय है कि विद्रोह का रूप उग्र होते हुए भी इसमें किसी ईसाई की हत्या नहीं की गई। कुछ ईसाई घायल अवश्य हुए थे, लेकिन उन्हें मारा नहीं गया था। यदि स्पष्ट शब्दों में कहा जाए, तो उन लोगों की सुरक्षा के प्रति विद्रोही पूरी तरह सतर्क थे। वे केवल अपने अधिकारों के लिए लड़ रहे थे। इसके लिए वे सरकार को भयभीत करके उसपर दबाव बनाना चाहते थे, लेकिन किसी की जान लेना उन्हें स्वीकार नहीं था। इसलिए अनेक स्थानों पर विद्रोह भड़कने पर भी वह पूरी तरह से नियंत्रित था।

सरकार की प्रतिक्रिया

'बिरसा के नेतृत्व में आदिवासियों ने विद्रोह कर दिया है', यह सूचना शीघ्र ही राँची तक पहुँच गई, परंतु सरकार ने इसे गंभीरता से नहीं लिया। आदिवासियों से निपटने के लिए डिप्टी कमिश्नर ए.सी. स्ट्रीटफील्ड और सिपाहियों की एक छोटी टुकड़ी भेजी गई। बंदगाँव में स्थिति का आकलन करने के बाद स्ट्रीटफील्ड को विद्रोहियों की शक्ति का अनुमान हो गया। वे समझ गए कि इन्हें कुचलना आसान नहीं है। अतः विद्रोह के मुख्य गढ़ों, अर्थात् सिंहभूम, खूँटी, तमाड़ और राँची जिले में पुलिस की टुकड़ियाँ तैनात कर दी गईं। सिंहभूम और राँची की सीमाओं के साथ लगता हुआ बंदगाँव ब्रिटिश सेना का मुख्य केंद्र बन गया। इसके अतिरिक्त

स्थिति से निपटने के लिए आवश्यक रसद और अतिरिक्त सैन्य-बल भी बुला लिया गया।

सैनिक टुकड़ियाँ आस-पास के सभी गाँवों में नियमित गश्त करने लगीं। इनके व्यय का सारा बोझ स्थानीय लोगों पर डाल दिया गया। यह स्थानीय लोगों को आंदोलन से काटने तथा उनका मनोबल तोड़ने के लिए किया गया उपाय था; लेकिन इस बार उनकी कोई भी कूटनीति आदिवासियों को विखंडित नहीं कर सकी।

बिरसा की घोषणा

सरकार द्वारा तत्परता दिखाए जाने के कारण 26 दिसंबर से 5 जनवरी तक का समय शांतिपूर्वक बीता। इस दौरान विद्रोहियों ने न तो कहीं हिंसात्मक गतिविधियाँ कीं और न ही सभा का आयोजन। चारों ओर जनजीवन सामान्य होने लगा। स्थिति नियंत्रण में आने के बाद बिरसा को तलाशने का कार्य आरंभ किया गया। अनेक संदेहास्पद स्थानों पर छापे मारे गए, गाँवों की तलाशी ली गई, लोगों को पकड़-पकड़कर बिरसा के बारे में जानकारी उगलवाने की कोशिशें की गईं, लेकिन लाख प्रयत्न करने के बाद भी वे बिरसा की परछाईं तक नहीं छू पाए। सरकार समझ गई थी कि इस बार आदिवासी एकजुट हो चुके हैं। ऐसे में बिरसा को छलपूर्वक पकड़ना असंभव है।

यद्यपि वातावरण शांतिपूर्ण था, लेकिन अंदर-ही-अंदर आदिवासियों में विद्रोह की मशाल निरंतर जल रही थी। बिरसा की तलाश में सेना जंगलों में भटक रही थी। इससे आदिवासी क्षेत्रों में उनकी पकड़ कमजोर हो गई। समय उपयुक्त जानकर बिरसा जनसाधारण को विद्रोह से जोड़ने की तैयारियाँ करने लगे।

विद्रोह के प्रथम चरण में अस्त्र-शस्त्रों का भरपूर प्रयोग किया गया था। इसके पीछे एकमात्र उद्‌देश्य अंग्रेजों के साथ-साथ उनके समर्थकों को आतंकित करना था। इस प्रयास में वे पूरी तरह से सफल

हुए थे। अंग्रेजों के अतिरिक्त वे लोग भी भयभीत हो गए थे, जिन्होंने प्रलोभन में अथवा विवश होकर ईसाई धर्म स्वीकार कर लिया था।

ऐसे में उनका समर्थन प्राप्त करने के लिए बिरसा मुंडा ने एक घोषणा की। इसमें स्पष्ट कहा गया था—"ब्रिटिश सरकार विद्रोहियों की प्रबल शत्रु है। उसकी अन्यायपूर्ण नीतियों के कारण ही मुंडा शस्त्र उठाने के लिए विवश हुए हैं। अन्य मुंडाओं से उनकी कोई शत्रुता नहीं है, बल्कि वे उनके भूमि-संबंधी अधिकारों के लिए ही सरकार के साथ संघर्ष कर रहे हैं। इसलिए इस धर्मयुद्ध में सभी मुंडाओं को उनका साथ देना चाहिए। तभी वे अपने अधिकार प्राप्त कर पाएँगे।"

यह घोषणा विद्रोह के दो दिन बाद की गई थी। इसने जनमानस के मन से भय समाप्त कर दिया। वे समझ गए कि बिरसा आंदोलन के पीछे संपूर्ण आदिवासी समुदाय का कल्याण निहित है। इसलिए वे तन-मन-धन से आंदोलन के साथ जुड़ गए।

इस प्रकार विद्रोह का प्रारूप पूरी तरह से बदल गया। इसकी धार्मिक पृष्ठभूमि पर राजनीति का रंग चढ़ चुका था।

□

18

अंग्रेजी दमन

बिरसा का सबसे विश्वसनीय अनुयायी गया मुंडा ऐटकेडीह नामक स्थान पर रहता था। वह अत्यंत वीर और साहसी लड़ाका था। बुद्धिमत्ता में उसकी तुलना बिरसा से की जाती थी। विद्रोह में गया मुंडा ने अदम्य साहस का परिचय दिया था।

विद्रोह के आगे की रूपरेखा पर विचार करने के लिए 5 जनवरी को गया मुंडा ने बिरसा-समर्थकों की सभा का आयोजन किया। यह सभा उसके घर में आयोजित की गई, जिसमें लगभग 60 समर्थक सम्मिलित हुए, लेकिन एक मुखबिर द्वारा इसकी खबर पुलिस को लग गई। देखते-ही-देखते उस क्षेत्र को घेर लिया गया। इस बात से गया मुंडा अनभिज्ञ नहीं था। उसने उनका सामना करने का निश्चय कर लिया था। समर्थकों को साथ लेकर वह पहाड़ी चट्टानों के पीछे घात लगाकर बैठ गया और फिर जैसे ही पुलिस-दल दिखाई दिया, उसने उनपर हमला बोल दिया।

इस अप्रत्याशित हमले से पुलिस-दल में खलबली मच गई। उन्होंने स्वप्न में भी इस अदम्य साहस की कल्पना नहीं की थी।

चट्टानों के पीछे छिपे आदिवासी उनपर लगातार तीर और पत्थर बरसा रहे थे। पुलिस-दल ने कुछ देर तक उनका प्रतिरोध किया, परंतु वे अधिक देर तक टिक न सके और शीघ्र ही उलटे कदम भाग खड़े हुऐ। आदिवासियों ने जंगल तक उनका पीछा किया। इस बीच विद्रोहियों द्वारा कुछ सिपाही मारे गए, जबकि अन्य प्राण बचाकर भाग गए।

गया मुंडा के नेतृत्व में आदिवासियों की यह पहली जीत थी।

सिंह का शिकार

डिप्टी कमिश्नर स्ट्रीटफील्ड ने बंदगाँव में डेरा डाल रखा था। ऐटकेडीह की घटना ने उसे विचलित कर दिया। उसके विचार में इस समय आदिवासियों को सबक सिखाना आवश्यक था, अन्यथा स्थिति नियंत्रण से बाहर हो सकती थी। वह सैन्यबल के साथ ऐटकेडीह पहुँचा और अवसर पाकर गया मुंडा के घर को घेर लिया। उस समय घर में गया मुंडा, उसकी पत्नी माकी, छोटा लड़का बुलवा, पोता रामू, दो पुत्रवधुएँ तथा तीन पुत्रियाँ थीं।

स्ट्रीटफील्ड के आदेश पर मुंडारी जाननेवाले एक सैनिक ने घर के लोगों को हथियार डालकर बाहर आने के लिए कहा, लेकिन प्रतीक्षा करने के बाद भी कोई प्रतिक्रिया नहीं हुई। तब एक सैनिक घर के अंदर प्रविष्ट हुआ, परंतु शीघ्र ही वह चिल्लाता हुआ बाहर की ओर भागा।

स्ट्रीटफील्ड ने पुनः एक सिपाही को घर के अंदर जाने के लिए कहा। इससे पहले कि वह घर में प्रविष्ट होता, हवा में लहराती एक कुल्हाड़ी ने उसे घायल कर दिया। इस अप्रत्याशित हमले से स्ट्रीटफील्ड चौकन्ना हो गया। उसने स्थिति का गलत आकलन किया था। घर के सदस्यों को भयभीत करने के लिए उसने बंदूक से हवा में फायर किए, लेकिन गया मुंडा और उसके

परिवार पर कोई असर नहीं हुआ।

गया मुंडा के साथ स्त्रियाँ भी थीं। इस कारण स्ट्रीटफील्ड बंदूकों का प्रयोग नहीं करना चाहता था। घर में घुसकर उन्हें पकड़ना भी आत्महत्या के समान था। ऐसे में खबर मिली कि आस-पास के क्षेत्र में लगभग 100 सशस्त्र क्रांतिकारी छिपे हुए हैं, जो गया मुंडा की सहायता के लिए कभी भी वहाँ आ सकते हैं। स्थिति विकट होती जा रही थी। अतः स्ट्रीटफील्ड ने घर में आग लगा दी। उसे विश्वास था कि बचने के लिए वे लोग बाहर निकलेंगे। तब वह उन्हें गिरफ्तार कर लेगा।

जैसी कि उम्मीद थी, जान बचाने के लिए गया मुंडा परिवार सहित घर से बाहर आ गया। उसके हाथ में तलवार थी, जबकि अन्य लोग लाठी और कुल्हाड़ियाँ लिये हुए थे।

उन्हें काबू में करने के लिए स्ट्रीटफील्ड ने गया मुंडा की दाहिनी बाँह और कंधे पर गोलियाँ चलाईं। गया मुंडा लड़खड़ाया और फिर तलवार से स्ट्रीटफील्ड के कंधे पर वार किया। स्ट्रीटफील्ड ने तेजी से वार बचाया और गया के साथ भिड़ गया। दोनों गुत्थमगुत्था होकर लड़ते हुए घर के बरामदे में पहुँच गए।

स्ट्रीटफील्ड ने गया मुंडा की कलाई पकड़ ली और उसे नीचे गिराकर उसके ऊपर चढ़ बैठा। घायल गया की शक्ति क्षीण होती जा रही थी। तभी उसकी पत्नी स्ट्रीटफील्ड पर लाठी से वार करने लगी। इस बीच स्ट्रीटफील्ड के सैनिक अन्य स्त्रियों से जूझ रहे थे। इस युद्ध में प्रत्येक स्त्री एक सिंहनी की भाँति लड़ी। आखिरकार लंबे संघर्ष के बाद अंततः उन्हें बंदी बना लिया गया।

□

19

जीवट क्रांतिकारी

उधर ऐटकेडिह में पुलिस-दल और आदिवासियों के बीच संघर्ष चल रहा था, इधर बोरतोडीह में विद्रोहियों की एक बैठक हुई। इसमें खूँटी में विद्रोह करने की योजना बनाई गई। योजना को साकार रूप देने के लिए विद्रोहियों का दल शीघ्र ही खूँटी की ओर चला। सिर पर पगड़ी और कमर पर सफेद धोती बाँधे वे ऐसे प्रतीत हो रहे थे, मानो कोई राजसी दल आखेट पर निकला हो। उनके हाथों में धनुष-बाण, तलवार तथा कुल्हाड़ी आदि हथियार चमक रहे थे। यह बिरसा आंदोलन की लोकप्रियता ही थी कि आस-पास के स्थानीय लोगों का भी उसे भरपूर सहयोग मिला। योजना के अनुसार खूँटी पर दो दिशाओं से हमला किया गया।

उस समय विद्रोहियों का सामना करने के लिए थाने में सिर्फ 5 सिपाही और 2 बंदूकें थीं। एक सिपाही को सहायता लाने के लिए गाँव भेजा गया, परंतु तब तक विद्रोहियों ने थाने को घेर लिया और उसपर पथराव करने लगे। भीड़ को तितर-बितर करने के लिए सैनिकों ने गोलियाँ चला दीं। इससे विद्रोहियों का खून उबल पड़ा।

सैनिक जान बचाकर भागे, लेकिन विद्रोहियों ने उनमें से एक को पकड़ लिया और उसे पीट-पीटकर मार डाला। उसके बाद थाने को आग लगा दी गई।

जब तक सहायता के लिए सैन्य-बल आया, तब तक विद्रोही अपना काम करके जा चुके थे। शीघ्र ही यह खबर राँची पहुँची, परंतु साथ-ही-साथ यह अफवाह भी फैल चुकी थी कि विद्रोहियों का अगला हमला अब राँची पर होगा। अतः राँची की ओर आनेवाले सभी रास्तों पर सैनिक तैनात कर दिए गए। इतना ही नहीं, इस क्षेत्र के सभी गाँवों में सैन्य टुकड़ियाँ गश्त करने लगीं। लोग विद्रोहियों को किसी भी प्रकार की सहायता न दें, इसके लिए अंग्रेज अधिकारियों ने यह अफवाह उड़ा दी कि विद्रोहियों का सीधा हमला हिंदू लोगों पर होगा। इसका परिणाम यह हुआ कि स्थानीय लोगों में विद्रोहियों के प्रति भय व्याप्त हो गया।

विद्रोहियों का दमन

खूँटी की घटना ने ब्रिटिश सरकार को हिलाकर रख दिया। यह पहली घटना थी, जिसमें विद्रोहियों ने उग्र तेवरों का प्रदर्शन किया था। इससे यह बात भी सिद्ध हो गई कि बिरसा आंदोलन कुछ लोगों तक सीमित न रहकर जन-जन में लोकप्रिय हो चुका था। इसलिए इसके बढ़ते कदमों को रोकना आवश्यक हो गया।

पुलिस सुपरिंटेंडेंट ने मिशनरी पादरी ए. नोटोट के साथ राँची के कमिश्नर ए. फोरबेस से मुलाकात की और उन्हें स्थिति की गंभीरता से अवगत कराया। फोरबेस ने तत्काल काररवाई करते हुए सैन्य अधिकारियों के नेतृत्व में 150 सैनिकों की एक टुकड़ी को खूँटी भेजा। मार्ग में एक अन्य सैन्य टुकड़ी भी उनके साथ मिल गई। खूँटी पहुँचकर कुछ सैनिकों को विद्रोहियों का पता लगाने के लिए भेजा गया।

इसी बीच खबर मिली कि बुरजू में बिरसा के अनुयायियों की बैठक होनेवाली है। ब्रिटिश अधिकारी इस अवसर को गँवाना नहीं चाहते थे। अतः कर्नल वेस्टमोर लैंड के साथ कमिश्नर बुरजू की ओर रवाना हुए। सूचना पाकर स्ट्रीटफील्ड पहले ही बुरजू पहुँच चुका था।

लंबे विचार-विमर्श के बाद विद्रोहियों को पकड़ने के लिए एक जाल बुना गया। उनका अनुमान था कि बुरजू से 6 मील की दूरी पर स्थित सैको घाटी के रास्ते से विद्रोही वापस जाते हैं। इसलिए स्ट्रीटफील्ड के नेतृत्व में सैनिकों की एक टुकड़ी वहाँ नियुक्त की गई। इसके बाद कमिश्नर ने अन्य विद्रोहियों को उनके गाँवों में ही पकड़ने की योजना बनाई।

बंदगाँव, बारिंग, कुंटूगुट, लागरा, साँगरा, गिरगा और डोरका—ये आठ गाँव विद्रोहियों के मुख्य गढ़ थे। अतः उनके विरुद्ध काररवाई करने के लिए प्रत्येक गाँव में दस-दस सैनिकों की एक-एक टुकड़ी तैनात की गई। इसके अतिरिक्त एक टुकड़ी और थी, जिसका कार्य बारी-बारी से आठों गाँवों का निरीक्षण करना, सूचनाएँ एकत्रित करना, हथियार जब्त करना तथा बंदी बनाए गए विद्रोहियों को जेल भेजना था। इस प्रकार सरकार ने विद्रोहियों पर शिकंजा कसने की पूरी तैयारी कर ली थी।

सईल रकब का युद्ध

डोंबरी पहाड़ से कुछ दूरी पर सईल रकब पहाड़ी स्थित है। इसके उत्तर में लगभग तीस मील दूर सैको घाटी है। पुलिस अधिकारियों को सूचना मिली थी कि इस पहाड़ी पर विद्रोहियों की एक बैठक होनेवाली है। अतः सेना की टुकड़ी उनके विरुद्ध काररवाई करने के लिए भेजी गई। स्ट्रीटफील्ड को विश्वास था कि यह विद्रोहियों का वही दल है, जिसने खूँटी के थाने पर हमला किया था।

सैको घाटी से होकर सैनिक टुकड़ी आगे बढ़ने लगी। कुछ दूर

चलने के बाद उन्हें पहाड़ पर लोगों की भीड़ दिखाई दी। वे बिरसा के अनुयायी थे, जो उस समय वहाँ सभा कर रहे थे। स्ट्रीटफील्ड किसी भी कीमत पर उन्हें भागने का अवसर नहीं देना चाहता था। अत: सैनिकों को दो भागों में बाँट दिया गया। वे दबे पाँव आगे बढ़े।

लेकिन विद्रोही सतर्क थे, दबे पाँव चलते सैनिकों की आहट भी उन तक पहुँच चुकी थी। ऐसी स्थिति से निपटने के लिए वे पहले से ही तैयार थे।

यद्यपि ब्रिटिश अधिकारियों के लिए यह पहाड़ी अनजानी थी, परंतु आदिवासी उसके चप्पे-चप्पे से वाकिफ थे। वहाँ पर छिपने के लिए अनेक गुफाएँ थीं। इसलिए 26 दिसंबर के बाद से अनेक आदिवासी परिवार सहित वहीं आकर रहने लगे थे। पहाड़ की चोटी के बीचोबीच बंकर बनाए गए थे, जहाँ बड़ी संख्या में पत्थर रखे गए थे। इसके अतिरिक्त वहाँ खाने-पीने का सामान, वस्त्र, कुल्हाड़ियाँ, तलवारें, धनुष-बाण आदि भी पर्याप्त मात्रा में संगृहीत थे। इस क्षेत्र में प्रवेश करने का केवल एक ही मार्ग था, जिस पर आदिवासी नजर रखे हुए थे। इस प्रकार युद्ध की सभी तैयारियों के साथ वे इस अभेद्य दुर्ग में पूरी तरह से सुरक्षित थे।

सैनिकों और विद्रोहियों का आमना-सामना हुआ। दोनों ही पक्ष अपने-अपने हथियारों से लैस थे, लेकिन स्ट्रीटफील्ड एक अंतिम प्रयास करना चाहता था। उसने प्रलोभन दिया कि यदि वे हथियार डालकर आत्मसमर्पण कर दें तो सरकार उनकी माँगों पर अवश्य विचार करेगी। इतना ही नहीं, उसने यह भी कहा कि बिरसा और उसके परिवार को उनके सुपुर्द कर देने से विद्रोहियों पर कोई काररवाई नहीं की जाएगी। उन्हें कहीं भी जाने के लिए स्वंतत्र छोड़ दिया जाएगा।

लेकिन बिरसा के अनुयायी उसके झाँसे में नहीं आए। बिरसा उनके लिए भगवान् थे। वे उनके साथ विश्वासघात नहीं कर सकते

थे। इसलिए उन्होंने उसकी बात अनसुनी कर दी।

बातचीत का प्रयास विफल हो चुका था। अब उनपर सीधी कारवाई करने के अतिरिक्त कोई उपाय नहीं बचा। फोरबेस ने विद्रोहियों पर पीछे से हमला करने का सुझाव दिया। उसके अनुसार, इससे विद्रोहियों पर गोलियाँ चलाने की आवश्यकता नहीं पड़ेगी और वे चुपचाप आत्मसमर्पण कर देंगे, परंतु इससे पासा पलट भी सकता था। इसलिए उसका प्रस्ताव अस्वीकार कर दिया गया। अंततः विद्रोहियों पर गोलीबारी करने का निर्णय लिया गया।

कुछ ही देर में दोनों पक्ष परस्पर युद्ध करने लगे। एक ओर जहाँ ब्रिटिश सैनिक गोला-बारूद तथा बंदूकों से युक्त थे, वहीं दूसरी ओर विद्रोहियों के पास कुल्हाड़ी, तलवार, धनुष-बाण तथा गुलेल आदि पारंपरिक हथियार थे; लेकिन साहस, वीरता और धैर्य में वे उनसे कहीं आगे थे। यही कारण था कि वे निडर होकर डटे हुए थे।

धीरे-धीरे ब्रिटिश सेना निकट आती गई। आदिवासी पकड़े जाने के बजाय स्वतंत्र रहकर विद्रोह का हिस्सा बने रहना चाहते थे। इसलिए चकमा देकर वे जंगलों में जाकर छिप गए।

सेना को सख्त आदेश था कि गोली केवल आत्मरक्षा के लिए चलाई जाए। इसके पीछे उनका उद्‌देश्य विद्रोहियों को जीवित पकड़ना था, लेकिन आदिवासियों के प्रतिरोध ने सैनिकों को विचलित कर दिया और वे सशस्त्र विद्रोहियों के साथ-साथ निहत्थी स्त्रियों पर भी गोलीबारी करने लगे। इसके फलस्वरूप कुछ स्त्रियाँ मारी गईं। यद्यपि यह अन्यायपूर्ण कार्य युद्ध-नियमों के विरुद्ध था, लेकिन फोरबेस ने अनेक तर्क देकर इस काली घटना पर रंग पोतने का कार्य किया।

सूर्यास्त तक सैनिकों ने विद्रोहियों का पूरी तरह दमन कर दिया। इसमें कुछ आदिवासी बुरी तरह से घायल हुए और कुछ पकड़े गए। बंदी बनाए गए विद्रोहियों में आदिवासी स्त्रियाँ और उनके

बच्चे भी शामिल थे। जो आदिवासी भागने में सफल हो गए थे, उनकी तलाश जारी थी।

दूसरे दिन आदिवासी स्त्रियों और उनके बच्चों को सामान सहित उनके घरों को भेज दिया गया। साथ ही उन्हें आश्वासन दिया गया कि यदि वे विद्रोहियों का साथ नहीं देंगी तथा विद्रोही सभाओं का बहिष्कार करेंगी तो उनके परिवार के पुरुष सदस्यों को भी शीघ्र रिहा कर दिया जाएगा। इसके बाद सईल रकब की पहाड़ी पर ही दो बड़े गड्ढे खोदकर मृत आदिवासियों को दफना दिया गया।

□

20

विद्रोह का अंत

बिरसा के आह्वान मात्र पर आदिवासी अपना सर्वस्व न्योछावर करने को तैयार थे। उन्होंने जिस निर्भीकता, साहस और वीरता से ब्रिटिश सेना का सामना किया था, उसे देखकर अंग्रेज अधिकारियों ने दाँतों तले उँगलियाँ दबा ली थीं। इस घटना के बाद आदिवासी बहुल क्षेत्रों में तेजी से विद्रोह का वातावरण बनने लगा था। यह स्थिति ब्रिटिश सरकार के लिए अत्यंत खतरनाक थी। यदि शीघ्र काररवाई नहीं की गई तो स्थिति अनियंत्रित हो जाएगी, इस बात से वे अनभिज्ञ नहीं थे। इसलिए खूँटी, तमाड़, बसिया आदि जिलों में कड़े कदम उठाने पर जोर दिया गया।

अंग्रेज अफसर हाफमैन ने क्रांतिकारियों के विरुद्ध कठोर काररवाई का समर्थन किया। उसके अनुसार विद्रोहियों को यह बता देना चाहिए कि सरकार कमजोर नहीं है। इसके लिए उसने निम्नलिखित कदम उठाने पर जोर दिया–

- बिरसा-आंदोलन से जुड़े लोगों की चल-अचल संपत्ति जब्त कर ली जाए।

- उनकी स्त्रियों के गाँव छोड़कर अन्यत्र जाने पर कठोरता से पाबंदी लगाई जाए।
- विद्रोहियों को मिलनेवाली रसद, खाने-पीने की वस्तुओं तथा हथियारों आदि की आपूर्ति के सभी मार्ग बंद कर दिए जाएँ।
- जब तक सशस्त्र क्रांति पूरी तरह से विफल न हो जाए, तब तक बिरसा के लिए जासूसी करनेवाले स्थानीय लोगों को बंदी बना लिया जाए।
- बंदी बनाए गए क्रांतिकारियों के साथ कठोर व्यवहार किया जाए।
- आंदोलन से जुड़े सरदारों को लंबे समय के लिए जेलों में बंद कर दिया जाए।
- विद्रोह संबंधी गतिविधियों एवं षड्यंत्रों पर रोक लगे तथा विद्रोहियों को कोई सहायता प्राप्त न हो, इसकी जिम्मेदारी गाँव के जमींदारों को सौंपी जाए।

यद्यपि हाफमैन द्वारा दिए गए तर्क सरकार के पक्ष में थे, लेकिन कमिश्नर इससे सहमत नहीं थे। उनका कहना था कि सरकार का कार्य बिरसा के धर्म के विरुद्ध अभियान चलाना नहीं है। वह केवल कानून तोड़नेवालों को दंडित करना चाहती है। इसलिए कमिश्नर ने निम्नलिखित कदम उठाने पर जोर दिया—

- आवश्यकता पड़ने पर पकड़े गए विद्रोहियों के दल बलपूर्वक छिन्न-भिन्न कर दिए जाएँ।
- जिन विद्रोहियों पर हत्या या हत्या के प्रयास तथा लूटपाट के आरोप सिद्ध हो जाएँ, उनपर मुकदमे चलाए जाएँ।
- बिरसा के जो अनुयायी तत्कालीन घटनाओं में जान-बूझकर अनुपस्थित रहे, उनसे अपना पक्ष रखने को कहा जाए। साथ ही उन्हें कारण बताओ नोटिस दिया जाए कि भविष्य में अच्छा आचरण रखने के लिए उनसे जमानत क्यों नहीं माँगी जाए?

- जिन क्षेत्रों में शांति और व्यवस्था को खतरा हो, वहाँ बड़ी संख्या में पुलिस-बल तैनात किया जाए।

सरकार के प्रलोभन

विद्रोहियों को पकड़ने से पूर्व सभी सरकारी कार्यालयों, थानों तथा मिशनरी संस्थानों में पर्याप्त मात्रा में पुलिस नियुक्त कर दी गई। इसके बाद आदिवासी बहुल क्षेत्रों में भी सेना तैनात कर दी गई। उसके बाद गाँव-गाँव में हिंदी और मुंडारी भाषा में संदेश प्रसारित किया गया। इस संदेश में विद्रोहियों की सहायता न करने की अपील की गई थी तथा बिरसा को पकड़वाने पर 500 रुपए के इनाम की घोषणा भी की गई। अनेक मुंडा सरदारों पर भी इनाम घोषित कर दिए गए। आस-पास के राज्यों में भी यह संदेश पहुँचा दिया गया।

बिरसा के पुराने शत्रु जगमोहन सिंह ने संदिग्ध लोगों की सूची बना ली थी। अत: 10 जनवरी, 1900 को बिरसा के समर्थकों के विरुद्ध काररवाई आरंभ की गई। अगले कुछ दिनों में विद्रोह से संबंधित क्षेत्रों से अनेक बिरसा-समर्थकों को गिरफ्तार किया गया। मुंडाओं में फूट डालने के लिए सरकार ने यह घोषणा कर दी—'जो मुंडा बिरसा को गिरफ्तार करवाएगा या उसके बारे में सही सूचना देगा, उसे जीवन भर के लिए अपने गाँव का लगान-मुक्त पट्टा दिया जाएगा।'

जो विद्रोही पुलिस की पकड़ से बाहर थे, उनकी संपत्ति जब्त कर ली गई। उनके गाँव में रसद तथा अन्य खाद्य-सामग्री पहुँचने के रास्ते बंद कर दिए गए। इतना ही नहीं, उनकी स्त्रियों और बच्चों पर कड़ी नजर रखी जाने लगी। इसके पीछे अधिकारियों की योजना कार्य कर रही थी। उनका विचार था कि विद्रोहियों और उनके परिवारों के बीच संपर्क समाप्त कर दिए जाने पर विद्रोही आत्मसमर्पण करने के लिए विवश हो जाएँगे।

उड़ गया पंछी

रोजोटी, सेंतरा और कोटागारा क्षेत्रों को आंदोलन का मुख्यालय कहा जाता था। ये वे क्षेत्र थे, जहाँ आंदोलन से संबंधित योजनाएँ बनती थीं और गुप्त मंत्रणाएँ की जाती थीं। यहीं से बिरसा ने नए धर्म का उपदेश दिया था। पुलिस ने इन क्षेत्रों के प्रत्येक घर को छान मारा। वहाँ विद्रोही तो नहीं मिले, लेकिन उनके परिवार पुलिस द्वारा बंदी बना लिये गए।

बिरसा अभी तक पुलिस की गिरफ्त से दूर था, लेकिन दमन-चक्र के कारण शीघ्र ही पुलिस को सूचना मिली कि वह हेसाडीह की निकटतम पहाड़ियों में छिपा है। 19 जनवरी से बिरसा की तलाश आरंभ हुई। कमिश्नर थॉमसन ने कुछ पुलिस अधिकारियों, सेना की टुकड़ी तथा एक हजार लोगों को साथ लेकर सभी पहाड़ी गाँवों को खँगाल डाला। अंततः सेंतरा से बिरसा का साला पकड़ लिया गया।

तलाशी के दौरान सेंतरा से लगभग आधा मील दूर जंगल में एक झोंपड़ी मिली। झोंपड़ी ऐसे स्थान पर थी, जहाँ से पहाड़ के प्रत्येक कोने पर नजर रखी जा सकती थी, लेकिन पगडंडियों से इसे देखना असंभव था। झोंपड़ी में घर का आवश्यक सामान सुसज्जित ढंग से रखा हुआ था। इसके अतिरिक्त बिरसा द्वारा प्रतिपादित धर्म से संबंधित वस्तुएँ भी वहाँ पड़ी हुई थीं। स्ट्रीटफील्ड को विश्वास हो गया कि बिरसा इसी स्थान पर छिपकर रह रहा था।

छानबीन के दौरान मिली चीजों से स्पष्ट था कि कुछ देर पहले तक बिरसा वहीं था, परंतु पुलिस के आने की सूचना पाकर वह वहाँ से भागने में सफल हो गया था। हाथ में आने से पहले ही पक्षी उड़ चुका था। अतः पुलिस अधिकारी निराश होकर लौट आए।

सरकार का कसता शिकंजा

12 से 15 जनवरी, 1900 तक सरकार ने दमन-नीतियों द्वारा अधिकांश क्षेत्रों में विद्रोह को पूरी तरह से कुचल दिया था। अनेक विद्रोहियों को बंदी बनाया गया, उनकी संपत्ति जब्त कर ली गई; परंतु अनेक स्थानों पर छापे मारने के बाद भी बिरसा और उसके विश्वासपात्र मुंडा सरदार डोंका, माझिया एवं गया मुंडा अभी तक अंग्रेजों के हाथ नहीं लगे थे। इसलिए उनके बारे में जानकारी प्राप्त करने के लिए वे बंदी बनाए गए विद्रोहियों को मानसिक एवं शारीरिक यंत्रणाएँ देने लगे। अमानुषिक यंत्रणाओं का दौर यहीं तक सीमित नहीं था। कैद से भागे विद्रोहियों के विरुद्ध कठोर कदम उठाने आवश्यक थे। अत: उनका मनोबल तोड़ने के लिए उन्होंने उनकी संपत्ति भी जब्त कर ली और उनके परिवार की स्त्रियों का शारीरिक शोषण करने लगे।

बिरसा द्वारा जागरूक किए जाने पर जो आदिवासी ईसाई धर्म छोड़कर विद्रोही बन चुके थे, सरकार के अत्याचारों से बचने के लिए उन्होंने पुनः ईसाई धर्म स्वीकार कर लिया। इतना ही नहीं, वे अन्य विद्रोहियों को गिरफ्तार करवाने में सरकार की मदद करने लगे। इससे उन्हें दोहरा लाभ हुआ। एक ओर जहाँ वे कठोर काररवाई से बच गए, वहीं दूसरी ओर सरकार द्वारा विद्रोहियों पर घोषित पुरस्कार की राशि भी उन्हें प्राप्त होने लगी।

धीरे-धीरे सरकार का शिकंजा कसता गया। अंततः विद्रोहियों ने घुटने टेक दिए। 28 जनवरी को बिरसा आंदोलन के दो प्रमुख मुंडा सरदारों डोंका और माझिया ने अपने साथियों के साथ आत्मसमर्पण कर दिया। उनके समर्पण के साथ ही विद्रोह का पूरी तरह से अंत हो गया।

□

21

कैद में मृत्यु

यद्यपि लोगों की दृष्टि में सरकार ने विद्रोह को कुचल दिया था। लेकिन अभी तक विद्रोह के मुख्य सूत्रधार बिरसा मुंडा उनके हाथ नहीं लगे थे। पुलिस अधिकारी जानते थे कि जब तक बिरसा स्वंतत्र है, तब तक विद्रोह की आग कभी भी भड़क सकती है। इसलिए उन्हें पकड़ने की कोशिशें तेज कर दीं। उन्होंने घोषणा करवा दी कि जो भी बिरसा को पकड़वाएगा या उसके बारे में सटीक सूचना देगा, उसे सरकार द्वारा इनाम दिया जाएगा।

अंततः सरकार द्वारा दिया गया प्रलोभन काम कर गया। इनाम के लालच में मनमारू और जरीकेल गाँव के सात लोगों ने बिरसा को पकड़वाने का बीड़ा उठा लिया। वे उसके छिपे होने के संभावित क्षेत्रों और जंगलों को छानने लगे। इसी खोजबीन के अंतर्गत जब वे सेंतरा के जंगल में भटक रहे थे, तो उन्हें दूर पहाड़ की पश्चिमी दिशा में हलका सा धुआँ उठता दिखाई दिया। घने जंगल के बीचोबीच धुएँ की लकीर ने उन्हें चौकन्ना कर दिया। वे दबे पाँव उस ओर चल पड़े।

उस स्थान के निकट पहुँचते ही उन्हें एक शिविर दिखाई दिया। शिविर के बाहर बैठा हुआ एक व्यक्ति अपनी तलवार तेज कर रहा था। उसके पास ही दो स्त्रियाँ भोजन बनाने में व्यस्त थीं। वह व्यक्ति कोई और नहीं, बल्कि आदिवासियों का भगवान् बिरसा मुंडा था, जो अपनी दोनों पत्नियों के साथ वहाँ छिपा था।

अपनी मेहनत को रंग लाते देख वे लोग प्रसन्नता से भर उठे, लेकिन वे बिरसा की वीरता के किस्सों से अनजान नहीं थे। उनकी तलवार एक साथ असंख्य सिरों को काट डालती है, यह बात गाँव-गाँव में प्रचलित थी। ऐसे में उनका सामना करने का साहस किसी में नहीं था। अतः उन्हें रात में पकड़ने की योजना बनाई। वे एक चट्टान के पीछे छिप गए और उपयुक्त अवसर की प्रतीक्षा करने लगे।

भोजन करने के बाद बिरसा और उनकी पत्नियाँ गहरी नींद में सो गए। तब उन लोगों ने बिरसा को घेरकर उनकी तलवारों को कब्जे में ले लिया। इस अप्रत्याशित हमले के लिए बिरसा तैयार नहीं थे। उन्होंने उनका सामना करने का प्रयास किया, लेकिन तलवारों से लैस व्यक्तियों के सामने निहत्थे बिरसा की एक न चली। कुछ देर तक प्रतिरोध करने के उपरांत वह बंदी बना लिये गए। जिन लोगों के अधिकारों के लिए बिरसा लड़ रहे थे, उन्होंने ही उनके साथ विश्वासघात किया था।

रातोरात ही जंगल के इस सिंह को बंदगाँव में डिप्टी कमिश्नर की कैद में पहुँचा दिया गया। इसके बदले में उन लोगों को 500 रुपए का पुरस्कार दिया गया।

बंदगाँव से विदाई

बिरसा के पकड़े जाने की खबर कमिश्नर को दी गई। चूँकि बिरसा के पकड़े जाने पर आदिवासी भड़क सकते थे, इसलिए

स्थिति बिगड़ने से पूर्व ही कमिश्नर ने उन्हें राँची ले जाने का आदेश दे दिया। पुलिस द्वारा इस खबर को गुप्त करने का प्रयास किया जा रहा था, लेकिन सुबह होने तक यह खबर आस-पास के गाँवों में फैल चुकी थी। बिरसा के समर्थक तथा रिश्तेदार उनके दर्शन के लिए थाने की ओर चल पड़े। विशाल जन-समूह को थाने की ओर आते देख पुलिस अधिकारी भयभीत हो गए।

'बिरसा को छुड़वाने के लिए आदिवासी अस्त्र-शस्त्रों से लैस होकर आ रहे हैं'—यह अफवाह चारों ओर फैल चुकी थी। अतः उपद्रव को रोकने के लिए बिरसा को गुप्त रूप से राँची पहुँचा दिया गया।

मार्ग में जगह-जगह लोगों की भीड़ उनके दर्शनों के लिए उमड़ पड़ी। वे अपने भगवान् को बेड़ियों में देखकर अत्यंत दुःखी थे, लेकिन बिरसा के होंठों पर मुस्कराहट थिरक रही थी। उन्हें इस बात का संतोष था कि वह अपने प्रयासों द्वारा मृतप्राय लोगों को अन्याय के विरुद्ध जागरूक करने में सफल हो गए। उन्हें खुशी थी कि सीधे-सादे आदिवासी अपने अधिकारों के लिए लड़ना सीख चुके हैं। अब वह जीवित रहें या न रहें, लेकिन उन्होंने आदिवासियों को उन्नति और कल्याण का एक मंत्र दे दिया है।

जेल में पहुँचकर भी बिरसा को बंदी बनाए गए अपने समर्थकों की अधिक चिंता रहती थी। इसलिए उन्हें कठोर सजा से बचाने के लिए उन्होंने उन्हें सचेत कर दिया था कि पूछताछ के दौरान वे विद्रोह से संबंधित किसी भी तरह की जानकारी से इनकार कर दें। उन्होंने वचन दिया कि वह स्वयं भी उन्हें पहचानने से इनकार कर देंगे।

बिरसा आंदोलन धार्मिक पृष्ठभूमि पर आधारित था, लेकिन मुंडा सरदारों ने सशस्त्र क्रांति का मार्ग चुना। बिरसा मुंडा को अंत तक यह बात कचोटती रही। उनके अनुसार धर्म के मार्ग का

अनुसरण करने पर न तो उन्हें इतनी कठिनाइयाँ उठानी पड़तीं और न ही वह अपने उद्देश्य में विफल होते। उन्होंने आदिवासियों को धर्म की शरण में आने का परामर्श देते हुए कहा कि वह पुनः जन्म लेकर अपने उद्देश्य में अवश्य सफल होंगे।

बिरसा पर एक आम आदमी की तरह मुकदमा चलाया गया। उनपर आरोप लगाया गया कि वह लूटपाट, आगजनी और हत्याओं आदि में लिप्त हैं। इसके अंतर्गत 15 आरोपों की सूची तैयार की गई, जिसमें बिरसा को मुख्य अभियुक्त के रूप में चिह्नित किया गया।

रहस्यमयी मृत्यु

30 मई, 1900 का दिन, प्रातःकाल से ही बिरसा कुछ अस्वस्थता का अनुभव कर रहे थे, परंतु उन्होंने इसपर कोई विशेष ध्यान नहीं दिया। कुछ देर बाद अन्य कैदियों के साथ उन्हें अदालत ले जाया गया। वहाँ अचानक उनकी तबीयत बिगड़ने लगी। उन्हें पुनः जेल में लाया गया। उनकी नाड़ी तेज चल रही थी, गला सूखा हुआ था, आँखें अंदर की ओर धँस गई थीं, आवाज में लड़खड़ाहट थी। जाँच करने के बाद जेल-चिकित्सक ने उन्हें दवाई दी।

अगले दिन कमिश्नर को सूचित किया गया कि बिरसा को हैजा हो गया है, जिसके कारण उनका जीवित बचना मुश्किल है। बिरसा की बिगड़ती हालत देखकर कमिश्नर ने कैप्टन ए.आर.एस. रोडर्सन को बुला लिया। उनके उपचार से बिरसा का स्वास्थ्य सुधरने लगा, लेकिन 8 जून को पुनः उनकी हालत खराब होने लगी। बार-बार होनेवाले दस्त ने उनके शरीर से सारी शक्ति छीन ली थी।

9 जून, 1900 की सुबह उनकी हालत अत्यंत नाजुक हो

गई। 8 बजे के आस-पास वे खून की उल्टियाँ करने लगे। अत्यधिक कमजोरी के कारण वे बेहोश हो गए और फिर 9 बजे 'आदिवासियों के भगवान्' बिरसा मुंडा ने संसार से सदा-सदा के लिए विदा ले ली।

जीवित रहते हुए बिरसा मुंडा ने अपने शौर्यपूर्ण कार्यों से सरकार की नींद उड़ा दी थी। मृत्यु के बाद भी वह उनके लिए भय का कारण बने रहे। इसलिए वर्तमान लालपुर स्थित कोकर जानेवाले मार्ग में राँची डिस्टीलरी के निकट सुवर्ण रेखा नदी के घाट पर जेल-कर्मचारियों द्वारा बिरसा का शव कंडों की आग में गुपचुप तरीके से जला दिया गया। इसकी किसी को भनक तक नहीं लगी।

यद्यपि जेल के अधिकारियों के अनुसार बिरसा की मृत्यु हैजे से हुई थी, लेकिन बिरसा-समर्थकों ने इस बात को नकार दिया। उनके अनुसार हैजा एक संक्रामक रोग है। हैजाग्रस्त व्यक्ति के आस-पास रहनेवाले लोग भी इसकी चपेट में आ जाते हैं, लेकिन उनके साथ ऐसा नहीं हुआ। इसलिए उन्होंने बिरसा को जहर देकर मारने की बात पर जोर दिया।

अन्यायपूर्ण न्याय

बिरसा के अनुयायियों के विरुद्ध एक वर्ष तक मुकदमा चला। इस दौरान उनके विरुद्ध अनेक मनगढ़ंत सबूत एकत्रित किए गए। अभियुक्तों की ओर से मि. जेकब ने सरकारी वकीलों के साथ जिरह की। उन्होंने अपनी ठोस दलीलों से एकत्रित सबूतों की प्रामाणिकता पर प्रश्नचिह्न लगा दिया। उन्होंने कुछ विद्रोहियों की ओर से जमानत की अरजी भी प्रस्तुत की; लेकिन कूटनीति के चलते कुछ मुंडा आदिवासी सरकारी गवाह बन गए और उन्होंने विद्रोहियों के खिलाफ गवाही दे दी। अंततः मजिस्ट्रेट ने

सरकार के पक्ष में निर्णय सुनाया। इसके अंतर्गत कुछ विद्रोहियों को मृत्युदंड तथा कुछ को आजीवन कारावास दिया गया। इस प्रकार सरकार ने बिरसा-आंदोलन का अध्याय समाप्त करने में सफलता प्राप्त कर ली।

□

22

बिरसा-प्रसंग

बिरसा मुंडा के जीवन का गहन अध्ययन करने के बाद स्पष्ट होता है कि वह न केवल उपदेशक थे, वरन् आदिवासियों के बीच 'चमत्कारी बिरसा' के नाम से भी प्रसिद्ध थे। इसके पीछे बिरसा द्वारा दिखाए गए वे चमत्कार थे, जिन्होंने आदिवासियों के मन में उनके लिए श्रद्धा, भक्ति और विश्वास पैदा किया। इसी संदर्भ में यहाँ बिरसा मुंडा से संबंधित कुछ प्रमुख चमत्कारों का वर्णन किया जा रहा है—

परमात्मा की स्वीकृति

एक बार बिरसा ने स्वप्न में एक वृद्ध व्यक्ति को देखा, जो हाथ में माला लिये कुरसी पर बैठा था। उसके आस-पास चार व्यक्ति प्रेतात्मा, राजा, जज और बिरसा खड़े थे। वृद्ध ने जमीन पर महुए का पेड़ गाड़कर उसपर तेल एवं मक्खन मल दिया। पेड़ के ऊपर मूल्यवान् वस्तु रखी हुई थी, फिर उन्होंने तीन व्यक्तियों को वह वस्तु नीचे लाने के लिए कहा। एक-एक कर तीनों ने प्रयास

किया, लेकिन असफल रहे। अंत में बिरसा ने पेड़ पर चढ़कर वह वस्तु नीचे उतार ली।

सहसा बिरसा की आँख खुल गई और वह इस स्वप्न पर विचार करने लगे।

यह स्वप्न बिरसा के मानसिक द्वंद्व का परिणाम था। वृद्ध व्यक्ति ईश्वर का रूप था, जबकि प्रेतात्मा, राजा और जज के रूप में क्रमशः अंधविश्वास, जमींदार और सरकारी अधिकारी थे। ईश्वर के अधीन हुए इस संघर्ष में बिरसा ने उनपर विजय हासिल की थी।

इस स्वप्न को बिरसा ने परमात्मा की इच्छा के रूप में लिया। उन्हें विश्वास हो गया कि अब वह अपने उद्देश्य में अवश्य सफलता हासिल करेंगे।

ईश्वर का संदेश

एक बार बिरसा अपने एक मित्र के साथ जंगल से गुजर रहे थे। तभी भयंकर तूफान के साथ बादल उमड़-घुमड़ आए। देखते-ही-देखते तेज वर्षा होने लगी। सहसा कड़कती हुई बिजली बिरसा पर गिर गई। इससे उनका रंग-रूप ही बदल गया। उनका काला चेहरा परिवर्तित होकर लाल एवं सफेद रंग का हो गया।

इस घटना से उनका मित्र अचंभित रह गया। उसने भयभीत होकर पूछा, ''तुम ठीक तो हो? यह परिवर्तन कैसे हो गया?''

बिरसा शांत स्वर में बोले, ''ईश्वर मुझसे कुछ कहना चाहते थे। इस कड़कती हुई बिजली से मुझे ईश्वर का संदेश मिल चुका है।''

इसके बाद दोनों मित्र आगे बढ़ गए।

मैं धरती-आबा हूँ

बिरसा ने स्वयं को धरती-आबा, अर्थात् पृथ्वी का पिता

घोषित कर दिया था। अब वह इसी नाम से पहचाने जाते थे। एक बार सत्संग-सभा में बिरसा उपदेश दे रहे थे। श्रोताओं की भीड़ में उनकी माँ करमी भी बैठी हुई थीं। सहसा वह अपने स्थान पर खड़ी हुईं और उन्हें बेटा कहकर संबोधित किया।

बिरसा कुछ पल के लिए रुके और फिर शांत स्वर में बोले, ''माँ, मुझे ईश्वर का साक्षात्कार हुआ। उन्होंने मुझे समाज के कल्याण का कार्यभार सौंपा है। अब मैं तुम्हारे पुत्र से अधिक इन लोगों का धरती-आबा हूँ। इसलिए मेरे प्रति मोह को त्याग दो और मुझे धरती-आबा के रूप में देखो।''

इस घटना के बाद से परिवार के अन्य सदस्य भी बिरसा को धरती-आबा कहने लगे।

महामारी का सफाया

धीरे-धीरे आदिवासियों में यह धारणा दृढ़ होने लगी कि भगवान् ने बिरसा को संसार के सारे काम करने की शक्ति सौंपी है। इससे उनके प्रति लोगों में श्रद्धा और विश्वास बढ़ने लगा, लेकिन वीर सिंह नामक एक मुंडा सरदार मन-ही-मन बिरसा से ईर्ष्या करता था। वह उन्हें नीचा दिखाने का कोई भी अवसर खोना नहीं चाहता था। इसलिए उसने यह बात फैला दी कि बिरसा असाध्य रोगों का इलाज करने का दावा करता है।

उन दिनों कटुई क्षेत्र में ऐसी महामारी फैली हुई थी, जिसका इलाज असंभव था। इसी बीमारी के चलते अनेक लोग काल का ग्रास बन चुके थे। वीर सिंह ने उन्हें बिरसा के पास जाने के लिए उकसाया। उसने सोचा कि बिरसा इस बीमारी का इलाज कभी नहीं कर पाएगा और इससे उसके मनगढ़ंत चमत्कारों की पोल खुल जाएगी। उसकी प्रसन्नता का कोई ठिकाना नहीं था।

कटुई गाँव के कुछ लोगों ने बिरसा के पास जाकर महामारी

के विषय में बताया। और सहायता की प्रार्थना की। सहृदय बिरसा उनके साथ कटुई आए।

बिरसा ने बीमारों को पंक्तिबद्ध बैठने को कहा। उसके बाद आसमान की ओर देखते हुए उन्होंने एक मंत्र पढ़ा और अपना जनेऊ हिलाया। तदंतर वह एक झोंपड़ी में चले गए। कुछ देर तक अंदर से मंत्र-जाप के स्वर आते रहे। सहसा लोग स्वयं को स्वस्थ अनुभव करने लगे। उनमें महामारी के लक्षण पूरी तरह से नष्ट हो चुके थे। इस चमत्कार ने बिरसा को जन-जन में लोकप्रिय बना दिया।

चेचक का इलाज

बिरसा ने नए धर्म द्वारा आदिवासियों की पुरानी मान्यताओं और अंधविश्वासों पर गहरी चोट की थी। उनके प्रयासों से आदिवासी जागरूक होने लगे। इससे सदियों से उन्हें मूर्ख बनाकर अपना उल्लू सीधा करनेवाले ओझाओं की दाल गलना मुश्किल हो गई। यही कारण था कि सरकारी तंत्र तथा जमींदारों के साथ-साथ आदिवासी ओझा भी बिरसा के विरुद्ध हो गए थे।

एक बार आदिवासी क्षेत्र में चेचक का प्रकोप हुआ। एक ओझा ने इसके लिए बिरसा मुंडा को जिम्मेदार ठहराते हुए उसपर ग्राम-देवता को रुष्ट करने का आरोप लगाया। उसकी मनगढ़ंत दलीलों में फँसकर कुछ आदिवासी बिरसा का विरोध करने लगे। निराश बिरसा ने गाँव छोड़ दिया, लेकिन इसके बाद महामारी और बढ़ने लगी।

जब ओझा भी कुछ नहीं कर पाया, तब आदिवासियों की आँखें खुलीं। उन्हें अपनी गलती का अहसास हुआ। वे बिरसा से अपने अपराध की क्षमा माँगते हुए लौटने की प्रार्थना करने लगे। बिरसा का हृदय स्नेह और परोपकार से परिपूर्ण था। उन्होंने उन्हें क्षमा कर दिया और उनके साथ गाँव लौट आए।

गाँव लौटकर बिरसा बीमारों और पीड़ितों की सेवा में जुट गए। बिरसा को प्रार्थना पर पूर्ण विश्वास था, इसलिए उसके पास जब किसी रोगी को लाया जाता तो वह हाथ जोड़कर ईश्वर से उसके लिए प्रार्थना करते। इसके अतिरिक्त वह नीम की औषधि से उनका उपचार करते थे। इससे जिन लोगों की बिरसा और उनके उपचार में श्रद्धा थी, वे जल्दी ही ठीक हो जाते थे।

'लाश नहीं, मिट्‌टी है'

बिरसा मुंडा अपने मंत्रों एवं प्रार्थनाओं से लोगों को स्वस्थ कर देते थे। वह किसी को दवा नहीं, केवल आशीर्वाद देते थे। उसी के प्रभाव से लोग अच्छे हो जाते थे। इससे लोगों में उनके प्रति श्रद्धा और भक्ति बढ़ती गई।

एक दिन एक मुसलमान अपने एक रिश्तेदार की लाश लेकर बिरसा के पास आया और प्रार्थना करते हुए बोला, ''मैंने आपके चमत्कारों के बारे में बहुत कुछ सुना है। आप इस व्यक्ति को पुनर्जीवित करके मुझ पर कृपा करें।''

बिरसा ने लाश को देखा और क्रोध से भरकर बोले, ''यह लाश नहीं, मिट्‌टी का ढेर है। यदि मेरे पास सचमुच की कोई लाश लाई जाए तो मैं उसे जीवित कर सकता हूँ। जो व्यक्ति परोपकार, दया, धैर्य और धर्म विहीन है, वह लाश के समान है। मैं ऐसी लाश को पुनर्जीवित कर सकता हूँ, लेकिन जिसे ईश्वर ने नष्ट कर दिया हो, वह मिट्‌टी का ढेर मेरे वश से बाहर है।''

मुसलमान सिर झुकाकर वहाँ से चला गया।

बोंगों-प्रथा का विरोध

यह घटना उस समय की है, जब बिरसा एक साधारण आदिवासी के रूप में पहचाने जाते थे। एक बार लकड़ी काटते समय

बिरसा के पैर में चोट लग गई। इलाज करवाने के लिए वह एक ओझा के पास गए।

ओझा ने जाल फेंका, "तुम्हें यह चोट एक बुरी प्रेतात्मा के प्रकोप से लगी है। वह बहुत क्रोधित है, उसे शांत करने के लिए एक बकरे की बलि देनी होगी।"

प्रेतात्मा की शांति के लिए बलि देने की प्रथा आदिवासियों में 'बोंगों-प्रथा' के नाम से प्रचलित थी। बिरसा इसके लिए तैयार हो गए। शीघ्र ही पूजा के सारे सामान के साथ बकरे की व्यवस्था की गई।

लेकिन बकरे की बेबसी देखकर बिरसा का मन विचलित हो गया। ओझा द्वारा बताई गई काल्पनिक प्रेतात्मा से अधिक उन्हें बकरे की मृत्यु से भय लगने लगा। कुछ देर तक सोचने के बाद उन्होंने निश्चय कर लिया कि वह स्वार्थ के लिए एक निरीह पशु की बलि नहीं देंगे। उन्होंने ओझा को रोक दिया और बकरे को लेकर लौट आए।

कुछ दिन बाद चोट स्वतः ठीक हो गई। तभी से बिरसा के मन में पुरानी, सड़ी-गली बोंगों-प्रथा के प्रति अविश्वास पैदा हो गया। उन्होंने निश्चय कर लिया कि वह आदिवासियों को इन अंधविश्वासों और सड़ी-गली मान्यताओं के प्रति अवश्य जागरूक करेंगे।

एक मुट्ठी चावल

एक बार बिरसा उपस्थित जन-समूह को ईश्वर के प्रति आस्था का उपदेश दे रहे थे–"परिस्थिति कैसी भी हो, मनुष्य के मन में ईश्वर के प्रति सदैव अगाध आस्था और श्रद्धा होनी चाहिए। जो ईश्वर पर पूर्ण विश्वास रखते हैं, उनका कोई कार्य अपूर्ण नहीं रहता। वे थोड़े में भी परम संतोष का अनुभव करते हैं।"

सहसा भीड़ में से एक व्यक्ति आगे आया और विनम्र स्वर में

बोला, "आस्था और विश्वास की शक्ति से मनुष्य थोड़े में भी संतुष्ट हो सकता है, इस बात पर मुझे संदेह है। क्या आप अपनी यह बात सिद्ध कर सकते हैं?"

प्रश्न करनेवाला व्यक्ति सुगना नामक एक मुंडा निर्धन आदिवासी था।

बिरसा हँसते हुए बोले, "निःसंदेह मैं यह बात सिद्ध कर सकता हूँ।"

उन्होंने सुगना को एक मुट्ठी चावल देते हुए कहा, "आज तुम केवल इनका भोजन तैयार करो। भोजन करने से पूर्व श्रद्धापूर्वक ईश्वर से प्रार्थना करना कि वे तुम्हें इतने में संतुष्ट कर दें।"

सुगना चावल लेकर घर लौट आया।

रात के भोजन में केवल वही मुट्ठीभर चावल पकाए गए। बिरसा के निर्देशानुसार भोजन करने से पूर्व ईश्वर से प्रार्थना की गई। सुगना के परिवार में ग्यारह सदस्य थे। वे सभी एक साथ भोजन करने बैठे।

आश्चर्य! मुट्ठी भर चावल से बड़ा बरतन लबालब भर गया था। सुगना और उसके परिवार ने भरपेट भोजन किया। भोजन के बाद जब वे आसन से उठे तो उन्होंने देखा कि बरतन में अभी भी थोड़े चावल शेष थे। सुगना का सिर शर्म से झुक गया। बिरसा ने अपने कथन को सिद्ध कर दिखाया था।

सनकी बिरसा

यह घटना बिरसा के भगवान् बनने से पूर्व की है। इसके माध्यम से यह दरशाया गया है कि भूख से पीड़ित मनुष्य नीच-से-नीच कर्म करने को भी तैयार हो जाता है।

एक बार अकाल के कारण बिरसा का परिवार कई दिनों तक भूखा रहा। भूख शांत करने के लिए जंगल से कंद-मूल-फल आदि

मिलना भी दूभर हो गया। परिवार की यह दशा देखकर बिरसा खून के घूँट पीकर रह जाते। वह चाहकर भी उनके लिए कुछ करने में असमर्थ थे।

इसी बीच प्रसव-पीड़ा से एक गर्भवती स्त्री मर गई। मुंडा-प्रथा के अनुसार उसे कुछ गहनों और धन के साथ एकांत स्थान में दफनाया गया। बिरसा को इसका पता चला तो वह रात को चुपचाप उस स्थान पर पहुँचे। उन्होंने कब्र खोदकर सारा धन और गहने निकाल लिये और फिर शव को पुनः दफनाकर घर लौट आए। अगले दिन बाजार में गहने बेचकर बिरसा ने परिवार के लिए अन्न खरीदा।

लेकिन संयोगवश बिरसा के इस कृत्य की खबर उनके परिवार को लग गई। उन्होंने उनके द्वारा लाए हुए अन्न को खाने से इनकार कर दिया। बिरसा का यह कार्य क्षमा-योग्य नहीं था, इसलिए उन्हें समाज से बहिष्कृत कर दिया गया। इस कार्य के कारण उन्हें 'बालू बिरसा' या 'सनकी बिरसा' भी कहा जाने लगा।

बाद में बिरसा को इस कृत्य से अपने आप पर ग्लानि होने लगी और वे सदा के लिए बुरे कर्मों से अलग हो गए।